# PASSADO E PRESENTE DOS VERBOS *LER* E *ESCREVER*

CB127545

Obra em conformidade ao NOVO ACORDO da Língua Portuguesa

CÓPIA NÃO AUTORIZADA É CRIME
ABDR
ASSOCIAÇÃO BRASILEIRA DE DIREITOS REPROGRÁFICOS
RESPEITE O DIREITO AUTORAL
EDITORA AFILIADA

*Questões da Nossa Época*

# Volume 38

**Dados Internacionais de Catalogação na Publicação (CIP)**
**(Câmara Brasileira do Livro, SP, Brasil)**

Ferreiro, Emilia
Passado e presente dos verbos ler e escrever / Emilia Ferreiro ; tradução Claudia Berliner. — 4. ed. — São Paulo : Cortez, 2012. — (Coleção questões da nossa época ; vol. 38)

Bibliografia.
ISBN 978-85-249-1880-3

1. Alfabetização 2. Escrita 3. Leitura I. Título. II. Série.

12-01461 CDD-418

**Índices para catálogo sistemático:**

1. Ler e escrever : Linguística aplicada 418

Emilia Ferreiro

# PASSADO E PRESENTE DOS VERBOS *LER* E *ESCREVER*

4ª edição

Tradução:
Claudia Berliner

CORTEZ EDITORA

TÍTULO ORIGINAL: Pasado y presente de los verbos leer y escribir
Emilia Ferreiro

*Capa:* aeroestúdio
*Preparação de originais:* Maria Vianna
*Revisão:* Nair Hitomis Kayo
*Composição:* Linea Editora Ltda.
*Coordenação editorial:* Danilo A. Q. Morales

Nenhuma parte desta obra pode ser reproduzida ou duplicada sem autorização expressa da autora e do editor.

© 2002 by Autora

Direitos para esta edição
CORTEZ EDITORA
Rua Monte Alegre, 1.074 – Perdizes
05014-001 – São Paulo – SP
Tel.: (11) 3864-0111 Fax: (11) 3864-4290
E-mail: cortez@cortezeditora.com.br
www.cortezeditora.com.br

Impresso no Brasil – maio de 2012

# Sumário

# Introdução

Recebi pela primeira vez um convite para falar num congresso de editores em novembro de 1997, no México, no 2º Congresso Interamericano de Editores, brilhantemente inaugurado por Carlos Fuentes.

Minha intervenção foi tão bem recebida que as representantes da Câmara Argentina do Livro me propuseram quase de imediato participar do 26º Congresso da União Internacional de Editores, que se reúne a cada quatro anos, e que aconteceria em Buenos Aires, em maio de 2000.

Esse congresso mundial, aberto com uma profunda reflexão de Roger Chartier, foi rapidamente dominado pelas novas tecnologias de edição e do livro (*e-book* da Microsoft contra *e-ink* do MIT).[1] Quando chegou a vez da minha conferência de encerramento,

1. O mesmo Roger Chartier publicou no jornal *Le Monde* de Paris, edição de 13 de maio de 2000, uma excelente crônica sobre o desenrolar desse congresso, descrevendo-o como um "drama bem orquestrado em três atos".

comecei a falar com a sensação de que não havia mais ninguém em condições de escutar um discurso como aquele que eu preparara durante várias semanas de reflexão. Grande foi minha surpresa ao perceber, nos primeiros 15 minutos, o silêncio atento do público, e maior ainda quando os aplausos intensos e prolongados dos editores presentes, de pé, saudaram o final de minha intervenção.[2] Essa acolhida inesperada fala bem dos editores, mais que de minha apresentação. Depois de dois dias quase inteiramente dedicados ao *international business e* às tecnologias de ponta, foi reconfortante para eles escutar alguém que lhes recordava o lado humano do ofício, pondo-os em contato com os dados elementares de um mundo profundamente marcado por crescentes desigualdades.

Essas duas conferências dirigidas aos editores foram reunidas aqui com as ilustrações utilizadas durante as apresentações. Os comentários sobre as ilustrações dos textos produzidos por crianças foram escritos especialmente para esta edição.

Este volume inclui outro texto, apresentado no Congresso Mundial da *International Reading Association*, também realizado em Buenos Aires, em 1994. Corresponde à conferência inaugural do congresso, ocasião em que me foi outorgada a *International Cita-*

2. Depois, um delegado dos Estados Unidos comentou comigo que "se fosse um concerto, teria que ter tido um *bis*, um *encore*".

*tion of Merit* daquela associação. Essa reflexão teve a virtude de recolocar o tema da diversidade de modo eficaz, o que justificou que fosse traduzida para o italiano e para o francês (duas línguas ausentes naquele congresso).

Agradeço a Enrique Tandeter a oportunidade de reunir esses três textos, que, a meu ver, têm em comum duas características.

Em primeiro lugar, num período cheio de solicitações para participar de congressos, simpósios e reuniões de diversos tipos, falta tempo para refletir suficientemente sobre o que se irá dizer. Reconheço que nem todas as minhas intervenções são tão elaboradas quanto gostaria, o que, no entanto, não é o caso dessas três.

Além disso, estes três textos destinam-se a sacudir as consciências adormecidas. Tentam colocar com rigor e sem concessões fáceis certos problemas que concernem muito diretamente à variada gama de profissionais ligados à própria existência da língua escrita (desde os produtores de livros até os formadores de leitores, passando por múltiplas funções sociais de intermediação). A formulação concisa, porém fundamentada, desses problemas tem consequências ideológicas e políticas (política de edição, política de acesso ao livro, políticas para a formação de leitores/produtores de textos etc.). Essas consequências não são nem simplistas nem esquemáticas, mas abrem caminho – assim espero – para a ação reflexiva e para a reflexão voltada para a ação.

*Emilia Ferreiro*
México, novembro de 2000.

# 1

# Ler e escrever num mundo em transformação*

Houve uma época, vários séculos atrás, em que escrever e ler eram atividades profissionais e aqueles a elas destinados aprendiam-nas como um ofício.

Em todas as sociedades nas quais foram inventados alguns dos quatro ou cinco sistemas primigênios de escrita (China, Suméria, Egito, MesoAmérica e, muito provavelmente, também o vale do Indo) havia escribas que compunham um grupo de profissionais especializados numa arte particular: gravar em argila ou pedra, pintar em seda, tabuinhas de bambu, papiro ou em muros esses sinais misteriosos, tão associados ao próprio exercício do poder. As funções estavam de fato tão

* Conferência plenária apresentada no 26º Congresso da União Internacional de Editores, realizado em Buenos Aires de 1º a 3 de maio de 2000. Traduzido para o inglês (sem ilustrações) como "Reading and Writing in a Changing World", e publicado em *Publishing Research Quaterly*, 16 mar. 2000, p. 53-61.

separadas que os que controlavam o discurso que podia ser escrito não eram os mesmos que o escreviam, e muitas vezes tampouco os que praticavam a leitura. Os que escreviam não eram leitores autorizados, e os leitores autorizados não eram escribas.

Naquela época não havia fracasso escolar. Quem devia se dedicar a esse ofício submetia-se a um treinamento rigoroso. Alguns certamente fracassavam, mas a noção propriamente dita de fracasso escolar não existia (embora houvesse escolas de escribas).

Não basta haver escolas para que a noção de "fracasso escolar" se constitua. Vejamos uma comparação com uma situação contemporânea: temos escolas de música com bons e maus alunos. Se alguém não se mostra competente para a música, nem a sociedade se comove, nem os psicopedagogos se preocupam em encontrar algum tipo peculiar de "dislexia musical". Ser músico é uma profissão, e quem quer se dedicar à música se submete a um treinamento rigoroso. E, aparentemente, as escolas de música têm em toda parte um comportamento saudável.

*Todos os problemas da alfabetização começaram quando se decidiu que escrever não era uma profissão, mas uma obrigação, e que ler não era marca de sabedoria mas de cidadania.*

Por certo, muitas coisas aconteceram entre uma época e outra, foram necessárias muitas revoluções sangrentas na Europa para constituir as noções de povo soberano e de democracia representativa. Os primeiros textos em argila ou papiro sofreram múltiplas transmutações até se converterem em livros reproduzíveis, transportáveis, fáceis de consultar, escritos nas novas línguas, oriundas do latim imperial e hegemônico.

Multiplicaram-se os leitores, os textos escritos se diversificaram, novos modos de ler e novos modos de escrever foram criados. Os verbos "ler" e "escrever" deixaram de ter uma definição imutável: não designavam mais (e tampouco designam hoje) atividades homogêneas. Ler e escrever são construções sociais. Cada época e cada circunstância histórica dão novos sentidos a esses verbos.

Porém, a democratização da leitura e da escrita veio acompanhada de uma incapacidade radical de torná-la efetiva: criamos uma escola pública obrigatória precisamente para dar acesso aos inegáveis bens do saber contidos nas bibliotecas, para formar o cidadão consciente de seus direitos e de suas obrigações, mas a escola ainda não se afastou totalmente da antiga tradição: continua tentando ensinar uma técnica.

Desde suas origens, o ensino desses saberes foi entendido como aquisição de uma técnica: técnica do traçado das letras, por um lado, e técnica da correta oralização do texto, por outro. Só depois de dominada a técnica é que surgiriam, como num passe de mágica, a leitura expressiva (resultado da compreensão) e a escrita eficaz (resultado de uma técnica posta a serviço das intenções do produtor). Acontece que essa passagem mágica da técnica para a arte só foi transposta, naqueles lugares onde a escola mais faz falta, por pouquíssimos escolarizados, precisamente pela ausência de uma tradição histórica de "cultura letrada".

Surge então a noção de "fracasso escolar", inicialmente concebida não como fracasso do ensino mas da aprendizagem, ou seja, como responsabilidade do aluno. Conforme as épocas e os costumes, os alunos que fracassam são designados como "de espírito débil", "imaturos" ou "disléxicos".[1] Essas crianças trazem consigo algo de patológico, algo que lhes impede de aproveitar um ensino que, como tal e considerando-se a bondade de suas intenções, fica além de qualquer suspeita.

No entanto, por toda parte e de modo maciço, o fracasso escolar é um fracasso da alfabetização inicial que dificilmente se explica por uma patologia individual. Uma década depois, por volta de 1970, os estudos em sociologia da educação deslocaram a responsabilidade pela incapacidade de aprender para o contexto familiar: em vez de algo intrínseco ao aluno haveria um "déficit cultural". Na verdade, a responsável pelo déficit ou *handicap* inicial seria uma certa "patologia

1. Nos anos 1960, a dislexia foi considerada "a doença do século".

social" (soma de pobreza com analfabetismo). Com efeito, pobreza e analfabetismo andam juntos. O analfabetismo não se distribui equitativamente entre os países, mas se concentra em entidades geográficas, jurídicas e sociais que já não sabemos como nomear.

Hoje não se sabe muito bem como classificar os países. Antes havia "desenvolvidos" e "subdesenvolvidos", porém esta última classificação pareceu pejorativa e foi substituída por um eufemismo: "países em vias de desenvolvimento". Mas por quantas décadas pode estar um país "em vias de desenvolvimento" sem acabar se desenvolvendo? (Na verdade, muitos dos países que antes pareciam estar "em vias de desenvolvimento" parecem atualmente condenados a estar "em vias de subdesenvolvimento".) Houve uma época em que os países eram catalogados em duas regiões: "Primeiro Mundo" e "Terceiro Mundo", com um hipotético "Segundo Mundo" que ninguém assumiu para si como designação adequada. Agora retornamos às coordenadas pseudogeográficas: os eixos "Leste" e "Oeste" desapareceram, enquanto "Norte" e "Sul" readquirem vigência (o que leva a inegáveis dificuldades propriamente geográficas, tais como situar a Austrália no Norte e o México no Sul). Falarei de "periferia" para referir-me a este Sul, que também existe.

Em suma, não sabemos como classificar os países, mas sabemos o que é a pobreza. Sabemos — é inútil ocultá-lo, porque o Banco Mundial o sabe e o diz — que 80% da população mundial vive em zonas de pobreza. Sabemos que esses 80% conjugam todos os indicadores de dificuldades para a alfabetização: pobreza endógena e hereditária, baixa expectativa de vida com altas taxas de mortalidade infantil, desnutrição, multilinguismo. (Sabemos, naturalmente, que esses 80% também são heterogêneos, já que as desigualdades entre os países se expressam ainda em desigualdades internas, tanto ou mais pronunciadas que as primeiras.)

Apesar de centenas de promissoras declarações de compromisso nacional e internacional, a humanidade ingressa no século XXI com um bilhão de analfabetos no mundo (enquanto que em 1980 eram 800 milhões).

Os países pobres não superaram o analfabetismo; os ricos descobriram o *iletrismo*. Em que consiste esse fenômeno que por volta de 1980 colocou em estado de alerta a França, a ponto de mobilizar o exército na "luta contra o iletrismo"? Iletrismo é o novo nome dado a uma realidade muito simples: a escolaridade básica universal não assegura a prática cotidiana da leitura, nem o gosto de ler, muito menos o prazer da leitura. Ou seja, há países que têm analfabetos (porque não asseguram um mínimo de escolaridade básica a todos seus habitantes) e países que têm iletrados (porque, apesar de terem assegurado esse mínimo de escolaridade básica, não produziram leitores em sentido pleno).

O tempo de escolaridade obrigatória se estende cada vez mais, enquanto os resultados relativos ao "ler e escrever" continuam provocando discursos polêmicos. Cada nível educativo acusa o precedente pelo fato de receber alunos que "não sabem ler e escrever", e não poucas universidades têm "oficinas de leitura e redação". Ou seja, uma escolaridade que vai dos 4 até bem mais de 20 anos (sem falar de doutorado e pós-doutorado) tampouco forma leitores em sentido pleno.

É claro que estar "alfabetizado para continuar no circuito escolar" não garante estar alfabetizado para a vida cidadã. As melhores pesquisas europeias distinguem cuidadosamente parâmetros como: alfabetizado para a rua, alfabetizado para o jornal, alfabetizado para livros informativos, alfabetizado para a literatura (clássica ou contemporânea), etc. A esta lista temos de agregar agora: alfabetizado para o computador e para a Internet.

Isso implica reconhecer que a alfabetização escolar, por um lado, e a alfabetização necessária para a vida cidadã, para o trabalho progressivamente automatizado e para o uso do tempo livre, por outro, são coisas independentes. E isso é grave: se a escola não alfabetiza para a vida e para o trabalho... para que e para quem alfabetiza?

O mundo do trabalho está cada vez mais informatizado, e nos países periféricos a escola (nossa escola pública, gratuita e obrigatória, essa grande utopia democrática do século XIX) está cada vez mais empobrecida, desatualizada e com professores mal-capacitados e pior remunerados.

Pior ainda: a democracia, essa forma de governo na qual todos apostamos, demanda, requer, exige indivíduos alfabetizados. O exercício pleno da democracia é incompatível com o analfabetismo dos cidadãos. A democracia plena é impossível sem níveis de alfabetização acima do mínimo da soletração e da assinatura. Não é possível continuar apostando na democracia sem realizar os esforços necessários para aumentar o número de leitores (leitores plenos, não decifradores).

Nas primeiras décadas do século XX parecia que "entender instruções simples e saber assinar" era suficiente. Mas no final do século XX e princípio do XXI esses requisitos são insustentáveis. Hoje em dia os requisitos sociais e de trabalho são muito mais elevados e exigentes. Os navegantes da Internet são barcos à deriva se não souberem tomar decisões rápidas e selecionar informação.

E a escola dos países periféricos, que ainda não aprendeu a alfabetizar para o jornal e para as bibliotecas, tem de enfrentar agora o desafio de ver a Internet entrar nas salas de aula, não por decisão pedagógica, mas porque "o Banco Interamericano de Desenvolvimento e a Starmedia Network firmaram uma aliança para introduzir a Internet em todas as escolas públicas da América Latina e do Caribe", segundo notícias jornalísticas amplamente difundidas no final de março de 2000.[2]

Causa desconfiança o fato de que, do México à Argentina, candidatos à presidência ou ministros da Educação recém-empossados defendam, num discurso coincidente, "Internet nas escolas", como se os computadores, por si mesmos, pudessem ser o trampolim de acesso a níveis de alfabetização nunca alcançados, e como se os professores — esses professores desatualizados e mal remunerados — fossem imediatamente recicláveis (ou talvez descartáveis).

Há vários anos digo, e continuo dizendo, em diversas situações, que as novas tecnologias serão de grande ajuda para a educação como um todo se contribuírem para enterrar debates intermináveis sobre temas obsoletos: por exemplo, "deve-se começar a ensinar com letra cursiva ou bastão?; que fazer com os canhotos?; deve-se ensinar a ler por palavras ou por sílabas?". Bem-vinda a tecnologia que elimina destros e canhotos: agora se deve escrever com as duas mãos, sobre um teclado; bem-vinda a tecnologia que permite separar ou juntar os caracteres, de acordo com a deci-

2. Por exemplo, o jornal *El financiero* do México, na seção Negócios, de 29 de março de 2000.

são do produtor; bem-vinda a tecnologia que confronta o aprendiz com textos completos desde o início.

No entanto, a tecnologia por si só não vai simplificar as dificuldades cognitivas do processo de alfabetização (ignoradas também pela maioria dos métodos pedagógicos), nem será a oposição "método *versus* tecnologia" que nos permitirá superar as desventuras do analfabetismo.

Antes de voltar ao tema ineludível das novas tecnologias, gostaria de insistir na equação pobreza-analfabetismo-multilinguismo.

Durante décadas escutamos expressões como "luta contra o analfabetismo", linguagem militar que, ademais, caracteriza aqueles que são rejeitados pelo sistema escolar como "desertores". Essa linguagem militar sugere um inimigo a vencer, e é quase inevitável o deslizamento do conceito abstrato de "analfabetismo" para o conceito concreto de "indivíduo analfabeto", tomado como inimigo visível, sobretudo quando a imagem militar é associada à imagem médica e se fala de "flagelo social", "praga social" e similares (como se se tratasse de malária ou cólera).[3]

É evidente que não pode haver "luta contra o analfabetismo" (ou o "iletrismo"), e sim ações destinadas a elevar o nível de alfabetização da população (entenden-

3. Todas estas são expressões reiteradas em documentos oficiais, nacionais e internacionais, desde 1970 até nossos dias.

do-se que *literacy*[4] designa um contínuo que vai da infância até a idade adulta e, na idade adulta, outro contínuo de desafios cada vez que deparamos com um tipo de texto com o qual não tivemos experiência prévia).[5]

Apesar disso, recentemente, e com o mesmo espírito militar e militante, foi declarado o "Dia Internacional de Erradicação da Pobreza". Pergunto-me: que faremos com o multilinguismo? Será que eles também pensam que ele deve ser erradicado, pois torna mais difícil e mais custosa a alfabetização?

Aqui entram em cena os editores. Vocês, editores, são os herdeiros de uma poderosa e ilustre tradição.[6]

A estirpe dos editores contém notáveis exemplos de todo tipo: criadores que não cessaram de dar novas formas ao nosso alfabeto, inventando sem parar caracteres tipográficos (mais legíveis, mais elegantes, melhor adaptados a tal ou qual tipo de obra); artesãos da mais alta categoria que fizeram do livro uma obra de arte; famílias de editores que transmitiram um excelso

---

4. Conceito comumente traduzido por letramento em português, tradução esta contestada pela autora, que prefere "cultura letrada". *Vide*, neste volume, "Passado e futuro do verbo *ler*", p. 41. [N. da T.]

5. Por exemplo, dou aulas em nível de mestrado e doutorado, mas continuo alfabetizando meus alunos, porque é a primeira vez que, como leitores, eles deparam com investigações publicadas em revistas especializadas e que, como escritores, têm de produzir esse tipo peculiar de texto acadêmico chamado "tese".

6. Peço desculpas pela minha ignorância aos editores chineses, coreanos, japoneses, árabes e indianos aqui presentes, porque só irei me referir à tradição europeia.

saber de pais para filhos durante mais de um século; editores que eram também eruditos e tradutores.[7]

Vocês editores contam em sua árvore genealógica com ilustres defensores da liberdade de expressão que, desde os momentos inaugurais do exercício do ofício, colocaram em circulação textos que não correspondiam às exigências do poder constituído. Penso, por exemplo, em Étienne Dolet, impressor de Lyon, acusado três vezes de ateísmo e heresia e finalmente queimado na fogueira na praça Maubert de Paris, em 1546, aos 37 anos. Étienne Dolet era um subversivo para a época, porque introduziu na França obras publicadas em Genebra (vinculadas à Reforma religiosa), e era também um erudito, autor de um dicionário analógico do latim, de um tratado de tradução e de outro relativo à pontuação e à acentuação. É discutível se foi queimado vivo, junto com suas obras, pelo fato de ter sido editor desses livros heréticos ou por ser o autor de seus prólogos. O que é certo é que foram necessários 343 anos para que um monumento erguido na mesma praça Maubert o apresentasse como humanista e defensor da liberdade de pensamento.

Por mais eruditos e humanistas que sejam, os *editores produzem objetos incompletos por natureza.* Um livro é um objeto em busca de um leitor, e não pode realizar-se como objeto cultural antes de encontrar um

7. Os pontos de intersecção entre a história dos tradutores e a história dos editores são extremamente instrutivos.

leitor. *Esse leitor é muito mal caracterizado quando é definido simplesmente como cliente.* Uma coleção de livros pode ser comprada para ser exibida na sala ou no escritório. Esses livros continuaram sendo objetos incompletos: bibelôs sem intérpretes. O livro se completa quando encontra um leitor intérprete (e se transforma em patrimônio cultural quando encontra uma comunidade de leitores intérpretes).

Por isso a tarefa de um editor é tão singular: deve não só produzir um objeto tão cuidado e bem-acabado quanto possível, como também tem de ter consciência de que esse objeto, por mais cuidado e bem-acabado que seja, será sempre incompleto se não encontrar "o outro", "os outros" que lhe darão completude. Esse "outro", esses "outros" têm de ser leitores.

Os editores das próximas décadas vão se dedicar a produzir livros para os 20% da população mundial? Vão retomar a antiga tradição da leitura elitista, contrária à ideia da alfabetização necessária para a democracia? Podemos pedir a eles — quem pode lhes pedir — que contribuam para a completude de seus produtos, ou seja, para a produção de leitores?

A situação atual é grave, embora interessante, porque estamos num momento de profundas transformações na própria definição da materialidade do objeto "livro". Alguns anunciam uma nova democracia via Internet, enquanto outros se antecipam e organizam funerais prematuros do objeto "livro", esse que tem textura e cheiro, esse "de carne e osso" com que aprendemos a conviver durante séculos.

Este tema, alerta Roger Chartier, exige que nos esforcemos para nos situar "entre o discurso utópico e a nostalgia do passado". É fácil, demasiado fácil, fazer o elogio dos novos suportes eletrônicos do texto impresso; é fácil (quase banal) aplicar o qualificativo "democrático" a uma nova tecnologia. Vejamos um exemplo emblemático. Durante décadas, eminentes investigadores afirmaram que o sistema alfabético de escrita, por ser o mais simples, perfeito, *scientific and easy to use*[8], estava associado à democracia. Essa visão teve ampla difusão. Porém, três dados bastam para destruir esse mito: na Grécia clássica, que inventou o alfabeto que herdamos, o número de homens adultos livres alfabetizados nunca foi superior a 20%, tal como mostram minuciosas análises de historiadores recentes (Harris, 1989). Por outro lado, a fascinação dos linguistas pelo alfabeto fez com que as línguas nativas da América e da África, qualquer que fosse sua estrutura, fossem escritas num sistema alfabético, o que não trouxe consigo uma alfabetização universal, enquanto que o Japão, que possui um dos sistemas mais complexos de escrita, resistiu a todas as pressões para adotar o alfabeto e tem taxas de *literacy* superiores às da Europa e dos Estados Unidos.

8. Em inglês no original: científico e fácil de usar. [N. da T.]

Internet, correio eletrônico, páginas Web, hipertexto... estão introduzindo mudanças profundas e aceleradas na maneira de nos comunicarmos e receber informação. E isso é fascinante para qualquer estudioso da língua e das transformações linguísticas. Contudo, esses instrumentos não são "democráticos" por si mesmos (assim como o alfabeto não é democrático em si mesmo). Lutar pela democratização do acesso às novas tecnologias é uma coisa; aplicar-lhes o qualificativo de "democráticas" é outra. Essas tecnologias, por sua vez, exigem capacidades mais flexíveis de uso da língua escrita que as que estávamos habituados a aceitar. Novos estilos de fala e de escrita estão sendo gerados graças a esses meios. Saber navegar pela Internet já faz parte dos objetivos educacionais declarados ou em vias de ser declarados. Não sabemos se os desnutridos e os desempregados aprenderão a ler e escrever para entrar na Internet (embora não recebam créditos escolares por isso), ou se ficarão novamente excluídos. É difícil e arriscado fazer predições.

Estamos falando do futuro, e as crianças são parte dele. Essas crianças (todas as crianças) não precisam ser motivadas para aprender. Aprender é seu ofício. Não podem deixar de aprender porque não podem deixar de crescer.

Todos os objetos (materiais ou conceituais) aos quais os adultos dão importância são alvo da atenção das crianças. Se perceberem que as letras são importantes para os adultos (sem que importe por que e para que são importantes), tentarão apropriar-se delas.

Todas as pesquisas coincidem num fato muito simples: a criança que esteve em contato com leitores antes de entrar na escola aprenderá mais facilmente a escrever e ler do que aquelas crianças que não tiveram contato com leitores.

Em que consiste esse "saber" pré-escolar? Basicamente, numa primeira imersão na "cultura letrada": ter escutado alguém ler em voz alta, ter visto alguém escrever; ter tido a oportunidade de produzir marcas intencionais; ter participado de atos sociais onde ler e escrever têm sentido; ter podido formular perguntas e obtido algum tipo de resposta.

Inicialmente, a relação entre as marcas gráficas e a linguagem é uma relação mágica, que põe em jogo uma tríade: um intérprete, uma criança e um conjunto de marcas. O intérprete (que, em sentido estrito, deveríamos chamar "interpretante" por razões impossíveis de desenvolver aqui), ao efetuar esse ato aparentemente banal que chamamos "um ato de leitura", informa à criança que essas marcas têm poderes especiais: só de olhá-las se produz linguagem. O que há nessas marcas para que o olho incite a boca a produzir linguagem? Uma linguagem certamente peculiar, bem diferente da comunicação face a face. Quem lê não olha para o outro, seu destinatário, senão para a página. Quem lê parece falar para um outro ali presente, mas o que diz não é sua própria palavra, senão a palavra de um "Outro" que pode se desdobrar em muitos "Outros", saídos não se sabe de onde, também escondidos atrás das marcas. O leitor é, de fato, um ator: empresta sua voz para que o texto seja representado, reapresentado (no sentido etimológico de "apresentar-se novamente"). O leitor fala, mas não é ele quem fala; o leitor diz, mas o dito não é seu próprio dizer senão o de fantasmas que se realizam por meio de sua boca.

A leitura é um grande cenário onde é preciso descobrir quem são os atores, os *metteurs en scène*[9] e os autores. (Sem esquecer os tradutores, porque a leitura é em grande medida a apresentação de outra língua, semelhante e ao mesmo tempo diferente da língua cotidiana.)

Parte da magia consiste no fato de que, diante das mesmas marcas, o mesmo texto (ou seja, as mesmas palavras, na mesma ordem) se reapresente seguidas vezes. O que nessas marcas permite não somente provocar linguagem, senão produzir o *mesmo* texto oral, seguidas vezes? A fascinação das crianças pela leitura e releitura do mesmo conto tem a ver com esta descoberta fundamental: a escrita fixa a língua, controla-a de maneira a impedir que as palavras se dispersem, se desvaneçam ou sejam substituídas umas pelas outras. *As mesmas palavras, seguidas vezes.* Grande parte do mistério reside nesta possibilidade de repetição, de reiteração, de re-apresentação (Ferreiro, 1996).

---

9. Em francês no original: diretores. [N. da T.]

Há crianças que ingressam na língua escrita por meio da magia (uma magia cognitivamente desafiante) e crianças que entram na língua escrita pelo treino de "habilidades básicas". Em geral, as primeiras se tornam leitoras; as outras têm um destino incerto.

Permitam-me apresentar-lhes dois exemplos para ilustrar o que quero dizer. Dois textos produzidos por crianças inteligentes, que estão nos primeiros anos da escolaridade básica. Ambas ainda precisam resolver muitos problemas de ortografia e segmentação entre palavras. Mas não vamos nos ocupar disso, e sim dos textos que produzem, textos perfeitamente legíveis apesar da falta de pontuação (nos dois) e da total ausência de segmentação das palavras (no primeiro).

1

2

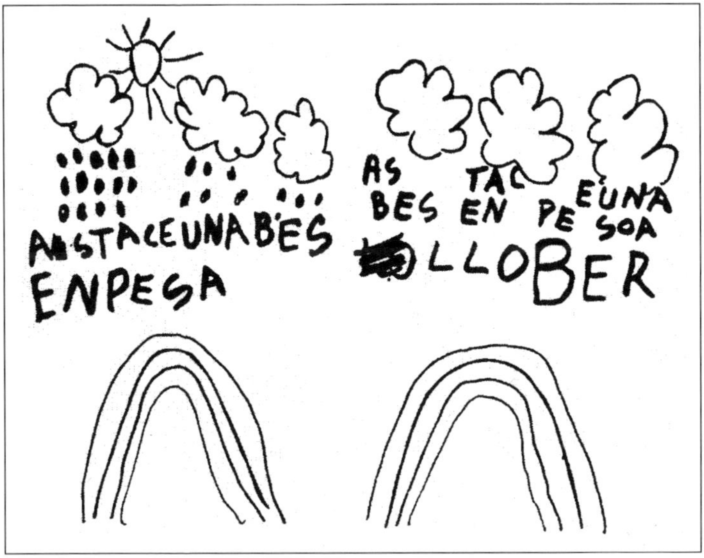
ASTACEUNABES
ENPESA
AS TAC
BES EN PE EUNA
SOA
LLOBER

3

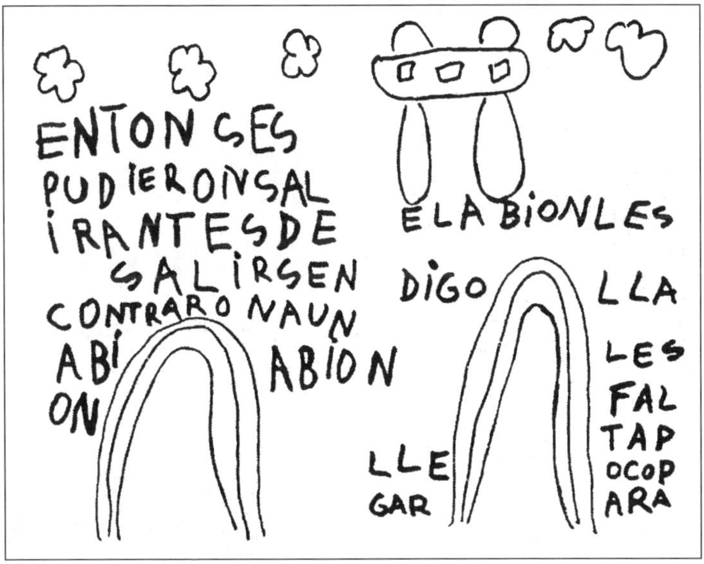
ENTONCES
PUDIERONSAL
IRANTESDE
SALIRSEN
CONTRARONAUN
ABI
ON
ABION
ELABIONLES
DIGO
LLA
LES
FAL
TAP
OCOP
ARA
LLE
GAR

4

5

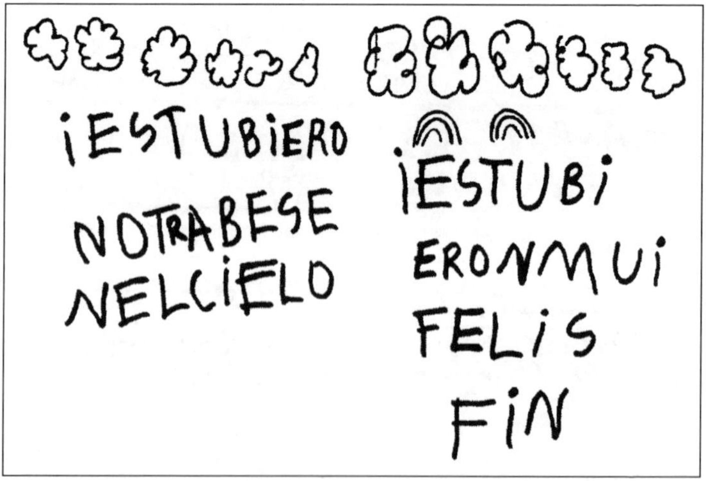


O arco-íris. *Texto de uma menina urbana de 6 anos que já sabe muito sobre a língua escrita (apesar de escrever em* scriptio continua *e com uma ortografia simplificada). (Texto produzido em situação escolar.)*

*Versão normalizada*

EL ARCO IRIS

HABÍA UNA VEZ DOS ARCO IRIS
ENTONCES NUNCA PODIAN SALIR DEL CIELO
HASTA QUE SALIERE

HASTA QUE UNA VEZ EMPEZA
HASTA QUE UNA VEZ EMPEZÓ A LLOVER

ENTONCES PUDIERON SALIR
ANTES DE SALIR ENCONTRARON A UN AVIÓN
EL AVIÓN LES DIJO
YA LES FALTA POCO PARA LLEGAR

LLEGARON A LA CIUDAD
AHÍ YA SE ESTABA METIENDO EL SOL
DE PRONTO SE METIERON Y DESAPARECIERON

Y ESTUVIERON OTRA VEZ EN EL CIELO
Y ESTUVIERON MUY FELIZ

FIN[10]

10. O arco-íris/Era uma vez dois arco-íris/então nunca podiam sair do céu/até que sair/até que uma vez começa/até que uma vez começou a chover/então puderam sair/antes de sair encontraram um avião/o avião lhes disse/já falta pouco para chegar/chegaram à cidade/ali já se estava metendo o sol/logo se meteram e desapareceram/e estiveram outra vez no céu/e estiveram muito feliz/fim.

Teresa tem 6 anos e 2 meses. Participa de uma experiência escolar que consiste, precisamente, em oferecer todos os dias às crianças boas experiências com a língua escrita. Escutou alguém ler muitos contos (em casa e na escola) e recebe com entusiasmo a proposta da professora para escrever um conto que seja um livrinho. Teresa decide que vai escrever o conto do arco-íris, e prepara as folhas, desenhando (com várias cores) um arco-íris em cada página.

Teresa bem sabe que uma história começa com uma fórmula ritual (*Había una vez*) e termina com outra fórmula ritual (*y estuvieron muy feliz. FIN*). Vai construindo a história à medida que escreve, tropeça nas duas primeiras páginas (*Entonces nunca podían salir del cielo hasta que saliere/hasta que una vez empeza*), mas resolve o problema na página seguinte (*hasta que una vez empezó a llover*). A partir desse momento, a história adquire um notável ritmo narrativo, porque Teresa mostra possuir conhecimentos extraordinários sobre a maneira de organizar o que diz para que seja "língua escrita". Com efeito, o final de cada fragmento (tal como se revela numa leitura com entonação natural) é retomado para iniciar o seguinte, mas com certa reelaboração. Vejamos: *Entonces pudieron salir. Antes de salir encontraron a un* avión. *El avión les dijo/ya les falta poco para llegar. Llegaron a la ciudad.* (A disposição do texto escrito nestas duas últimas páginas tem a ver com os famosos arco-íris, desenhados previamente por ela.) Um efeito ondulatório, de avanços e recuos, quase como as ondas do mar. Teresa, com seus poucos anos, já é uma escritora em potencial.

Ramón é uma criança rural, de uma comunidade pequena e isolada. Não teve uma imersão anterior na língua escrita, e sua professora não está disposta a "perder tempo" lendo em voz alta para seus alunos, ou inventando propostas desafiantes para fazê-los escrever com vontade. Limita-se aos famosos "textos livres" e à experiência imediata. Deve-se reconhecer que é pouco estimulante encontrar-se diante de uma folha em branco e ter de escrever um "texto livre sobre o frango". Ainda assim, Ramón tenta.

texto libre sobre el pollo

El pollo es moy bonito pero come gosanos
y mais y pasto y los pollos comen
y se asen gordos y moy bonitos
y tanvien ponen planquillos y tanvien
el pollo se come y moy sabroso
que boeno moli y lo ponen tomate y chile
y cominos clabos y ajo yes moy boeno y lo
comen los ricos y tan vien los fritan
y tanvien toman agua
y asi se acabo el texto libre sobre
el pollo

Texto livre sobre o frango. *Texto de uma criança rural de 7 anos sem experiências anteriores com a cultura escrita.* (*Texto produzido em situação escolar.*)

*Versão normalizada*

texto libre sobre el pollo

El pollo es muy bonito
pero come gusanos y maíz y pasto
y los pollos comen
y se hacen gordos
y muy bonitos
y también ponen blanquillos*

y también el pollo se come
y muy sabroso
que bueno [con] mole**
y le ponen tomate y chile y cominos clavos y ajo
y es muy bueno
y lo comen los ricos
y también los fritan

y también toman agua

y así se hace el texto libre sobre el pollo***

---

* blanquillo = ovo branco.

** mole = molho originário de Puebla, México, composto de chocolate e vários tipos de chiles (pimenta).

[con] = única inserção necessária para dar legibilidade.

*** Texto livre sobre o frango/O frango é muito bonito/mas come minhocas e milho e pasto/e os frangos comem/e se tornam gordos/e muito bonitos/e também põem branquinhos/e também o frango se come/e muito saboroso/que bom [com] mole/e põem nele tomate e chile e cominhos cravos e alho/e é muito bom/e o comem os ricos/e também os fritam/e também tomam água/e assim se faz o texto livre sobre o frango.

Quando não se sabe o que escrever, mas se sabe que é preciso preencher a página, o recurso à lista é uma tábua de salvação: *come gusanos y maiz y pasto/le ponen tomate y chile y cominos clavos y ajo.* Entre estas duas listas, houve uma mudança importante no texto: passamos de *el pollo come (y los pollos comen)* a *el pollo se come.* Convertido em comestível (e comida de ricos) o texto se transforma em receita de cozinha. Quando já pensávamos que o texto soçobraria inexoravelmente no mundo culinário, Ramón o recupera com uma manobra genial, transformando todo seu texto numa receita (receita de receitas) e concluindo em marcha triunfal: *Y así se hace el texto libre sobre el pollo.*

Teresa escreve "língua escrita" graças a uma experiência intensiva com livros e leituras; Ramón faz o que pode com sua experiência escolar escassa e pouco estimulante, centrada em letras, sílabas e palavras isoladas.[11]

Quem vai ter a vontade, a coragem e o empenho de romper o círculo vicioso?

Em Jomtien, Tailândia, 1990, foram estabelecidos objetivos educacionais básicos para todos, para a década 1990-2000. Pela primeira vez, o Banco Mundial assi-

11. Ambos os textos são de crianças mexicanas. O de Ramón foi obtido nas escolas CONAFE (Conselho Nacional de Fomento Educativo); o de Teresa, numa das escolas assessoradas por Myriam Nemirovsky.

nou ao lado dos organismos internacionais (Unesco, Unicef). Passaram-se os dez anos e os objetivos foram decepcionantes. Em abril de 2000, em Dakar, reuniu-se um Fórum Mundial da Educação para estender por mais 15 anos os objetivos não cumpridos. E assim continuará sendo, enquanto não forem revistos os pressupostos iniciais, enquanto se continuar apostando nos métodos (concebidos para formar técnicos especializados) e se esquecendo da cultura letrada (direito de qualquer criança que nasce nos tempos da interconexão).

Minha função como investigadora tem sido mostrar e demonstrar que as crianças *pensam* a propósito da escrita, e que seu pensamento tem interesse, coerência, validez e extraordinário potencial educativo. Temos de escutá-las. Temos de ser capazes de escutá-las desde os primeiros balbucios escritos (contemporâneos de seus primeiros desenhos).

Não podemos reduzir a criança a um par de olhos que veem, a um par de ouvidos que escutam, a um aparelho fonador que emite sons e a uma mão que aperta com torpeza um lápis sobre uma folha de papel. Por trás (ou além) dos olhos, dos ouvidos, do aparelho fonador e da mão, há um sujeito que pensa e que tenta incorporar a seus próprios saberes esse maravilhoso meio de representar e recriar a língua que é a escrita, *todas* as escritas.

Este início de milênio é propício à mudança porque são muitos os que têm algo de novo para oferecer. Nenhum de nós, atuando isoladamente, tem capacidade de interferir num fenômeno que resistiu a todos os esforços destinados a isolar variáveis. Mas agora temos novas tecnologias de circulação de textos, novos *insights* (construídos a partir de minuciosas pesquisas de historiadores) sobre os modos de apropriação da escrita por parte dos diferentes atores sociais em diferentes momentos históricos, temos linguistas dispostos a recuperar a escrita (esse objeto perdido num *no man's land*[12] durante o século XX); temos pedagogos cansados da inútil disputa em torno de métodos que desconhecem o sujeito da aprendizagem; temos psicólogos, psicopedagogos e psicolinguistas com teorias suficientemente válidas para restituir a criança como ser pensante em sua totalidade existencial.[13]

Esses meninos e meninas curiosos, ávidos por saber e entender, estão em toda parte, no norte e no sul, no centro e na periferia. Não os infantilizemos. Desde muito cedo eles se fazem perguntas com pro-

12. Em inglês no original: terra de ninguém. [N. da T.]

13. Embora certamente haja psicolinguistas que insistam em fazer o debate recuar para suas dimensões técnicas mais retrógradas, utilizando terminologias novas como "*phonological awareness*", por exemplo. Divisões desse tipo não nos surpreendem, pois são inerentes a todas as disciplinas: nem todos os historiadores acham interessante ocupar-se das práticas populares de leitura e escrita; nem todos os linguistas consideram que a escrita é um objeto de interesse para linguística etc.

fundo sentido epistemológico: o que é que a escrita representa e como o representa? Reduzindo-os a aprendizes de uma técnica, menosprezamos seu intelecto. Impedindo-os de entrar em contato com os objetos em que a escrita se realiza, e com os modos de realização da língua, desprezamos (mal prezamos ou tornamos inúteis) seus esforços cognitivos.

*A alfabetização não é um luxo nem uma obrigação; é um direito.* Um direito de meninos e meninas que serão homens e mulheres livres (pelo menos é isso o que desejamos), cidadãos e cidadãs de um mundo onde as diferenças linguísticas e culturais sejam consideradas uma riqueza e não um defeito. As diferentes línguas e os diferentes sistemas de escrita são parte de nosso patrimônio cultural. A diversidade cultural é tão importante como a biodiversidade: se a destruírmos, não seremos capazes de recriá-la.

Viemos de um "passado imperfeito", onde os verbos "ler" e "escrever" foram definidos de maneiras variadas — às vezes surpreendentes — sempre ineficientes; vamos na direção de um futuro complexo (que alguns deslumbrados pela técnica definem como um "futuro simples", exageradamente simples).

Talvez seja possível que as vontades se juntem; que os objetos incompletos produzidos pelos editores encontrem os leitores em potencial (que são também produtores de textos tanto quanto produtores de sentido); que os professores do ensino fundamental recuperem, junto com seus alunos, a capacidade de rir, chorar ou surpreender-se quando leem; que ninguém tenha medo das novas tecnologias, mas tampouco espere delas efeitos mágicos; que nos comprometamos com os futuros leitores para que a utopia democrática pareça menos inalcançável.

As crianças — todas as crianças, garanto — estão dispostas para a aventura da aprendizagem inteligente. Estão fartas de ser tratadas como infradotadas ou como adultos em miniatura. São o que são e têm direito a ser o que são: seres mutáveis por natureza, porque aprender e mudar é seu modo de ser no mundo.

Entre o "passado imperfeito" e o "futuro simples" está o germe de um "presente contínuo" que pode gestar um futuro complexo: ou seja, novas maneiras de dar sentido (democrático e pleno) aos verbos "ler" e "escrever". Que assim seja, embora a conjugação não o permita.

2

# Passado e futuro do verbo *ler**

Esta apresentação tem um objetivo bem definido: problematizar o futuro da leitura partindo da compreensão do passado.

Os verbos *ler* e *escrever* não têm uma definição unívoca. São verbos que remetem a construções sociais, a atividades socialmente definidas. A relação dos homens e das mulheres com a escrita não está dada de uma vez por todas nem foi sempre igual: foi se construindo no transcurso da história. Ler não teve nem terá o mesmo significado no século XII e no século XXI.

A tipologia textual tampouco consiste num conjunto fechado de gêneros. Estamos, com efeito, assis-

* Palestra proferida no 2º Congresso Interamericano de Editores, cidade do México, em 27 de novembro de 1997. Tradução para o italiano: "Diversità e processo d'alfabetizzazione", *Età evolutiva*, 51, p. 49-57, 1995. Tradução para o francês: "Diversité et processus d'alphabétisation", *in* Emilia Ferreiro, *L'écriture avant la lettre*, Paris: Hachette, 2000, p. 219-234.

tindo ao surgimento de novos modos de dizer e novos modos de escrever, de novos modos de escutar o oral e de ler o escrito.

É preciso situar-se entre "a nostalgia conservadora e a utopia ingênua" (Chartier, 1997). No centro do debate: como ajudar a construir esses novos leitores do século XXI, novos leitores que também devem ser concebidos como novos produtores de textos?

Estamos diante de uma renovação (revolução?) na definição do texto e do leitor, das práticas de leitura e dos modos de ler? Creio que a resposta deva ser afirmativa.

Em momentos de transformações radicais (e em final de milênio) é de praxe procurar no passado momentos similares para tentar vislumbrar o modo de ser das mudanças que se avizinham, que são parte do presente, mas de um presente sempre mal compreendido por estar engolido pelas premências do cotidiano.

Vejamos algumas constatações sobre este presente confuso, antes de passar às interpretações:

a) A expressão *computer literacy* (para falar a língua do império) esconde mais do que explicita, porque boa parte da população do planeta, supostamente letrada, é iletrada em relação a esta nova tecnologia.

b) Todos os aqui presentes são parte de uma geração intermediária, que "viu chegar" o computador. Assistir à chegada de uma tecnologia ou já nascer com essa tecnologia instalada na sociedade são situações diferentes. Somos como aqueles que viram chegar o telefone (do único aparelho, bem instalado num lugar predeterminado, ao telefone sem fio e ao celular, marcas tanto de *status* como de instrumento de comunicação); ou como as gerações que viram chegar os aparelhos de som (dos discos de vinil às fitas cassetes e aos CDs...). Além do acesso à tecnologia, uma variante importante é a de ter nascido com essa tecnologia já instalada na sociedade. Quer se tenha ou não um toca-CD em casa, o fato de saber que tal coisa existe modifica fundamentalmente as expectativas e as atitudes. Nós "vimos chegar" o computador. As crianças que estão agora no ensino fundamental são crianças que nasceram com os computadores já instalados na sociedade (talvez não em suas casas, nem nas suas escolas, mas na sociedade). São crianças que, só por esse motivo, apresentam uma diferença radical em relação às suas professoras (quase todas atacadas por esse vírus da *computer illiteracy*).

c) Como corresponde a um espírito de fim de milênio, anuncia-se o fim das bibliotecas, dos livros e dos direitos autorais. O senso crítico parece um tanto adormecido, pois cita-se com crescente insistência o *dictum* de McLuhan (*the medium is the message*), ao mesmo tempo que se propõe aos autores contratos dos mais fantasiosos relativos à publicação total ou fragmentada da obra, em qualquer meio conhecido ou por conhecer, como se a mensagem independesse do meio.

d) Todos louvam a educação como chave para a inclusão no século XXI, mas quase ninguém se atreve a enfrentar os novos desafios da alfabetização. Com efeito, em meio a promessas não cumpridas de alfabetização universal, em meio à realidade brutal de uma alfabetização maciça, que mal serve para o livro didático (gratuito ou não), ninguém se atreve a colocar abertamente a questão do grau de analfabetismo dos professores e de seus alunos, da incapacidade para passar de O livro (no singular) para OS livros (no plural)... sem falar nas redes informáticas e outras lindezas similares.

Não é verdade que a primeira grande revolução no comportamento leitor tenha sido causada por uma invenção tecnológica. A primeira grande revolução nos processos de leitura foi anterior à imprensa. Graças a recentes pesquisas históricas, sabe-se que muitas das virtudes atribuídas por décadas à imprensa são de origem medieval. A imprensa difundiu mudanças introduzidas por alguns escribas desde o século VII; não foram os copistas dos grandes centros de cultura medieval, mas copistas irlandeses, nas fronteiras geográficas da cristandade medieval, que começaram a dividir o texto sistematicamente em unidades gráficas ("palavras gráficas"). Texto que, assim dividido, possibilitava uma compreensão quase imediata, sem ter de passar pela intermediação da voz. Essa inovação, embora tardasse vários séculos em receber aceitação geral, chegou a tempo para a grande renovação escolástica dos séculos XI a XIII na Europa (Saenger, 1997a).

Inventaram-se procedimentos insólitos de cópia rápida para suprir as necessidades de textos nas novas universidades (por exemplo, o sistema dos *peciae,* utilizado pelos copistas profissionais da universidade de Paris desde o século XIII). É claro, contudo, que a imprensa possibilitou a realização do sonho medieval nunca alcançado: estar diante de uma cópia exata do mesmo texto.

Imaginemos a cena: a página da antiguidade clássica (ilustração 1) era feita para provar as habilidades de intérprete do leitor. Uma página sem distinção de palavras e sem pontuação: ambas as coisas ficavam a cargo do leitor. Preparar-se para "dar voz ao texto", para fazê-lo "soar", era algo semelhante à preparação exigida do leitor de música na nossa época. O texto clássico era feito para "soar", como uma partitura musical. E, também como na música, as letras eram o de menos (muitas delas tinham de ser restituídas, pela abundância de abreviaturas). O que realmente importava era a interpretação.

Controle social sobre a interpretação (alguns séculos depois, uma má leitura em voz alta podia equivaler a uma heresia).

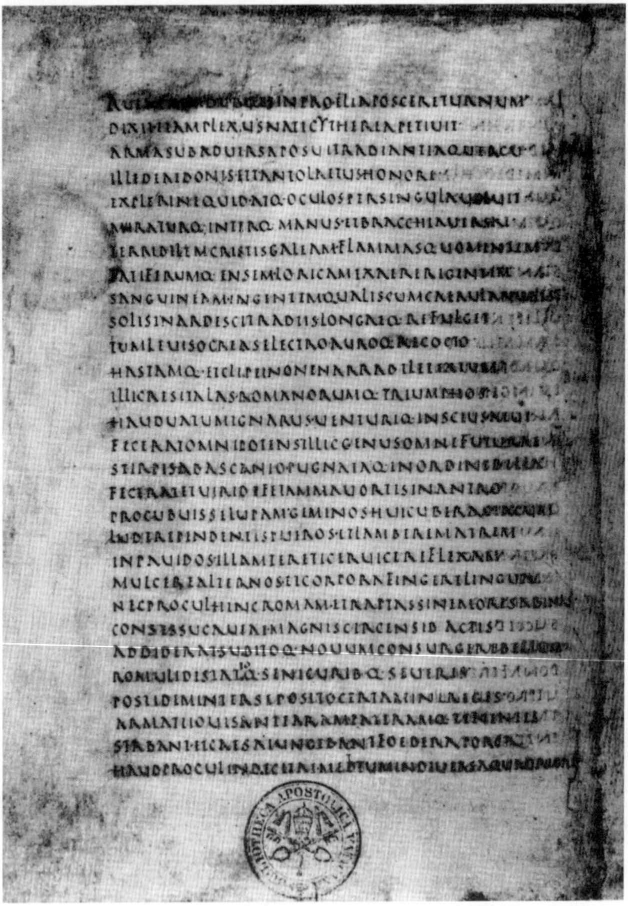

ILUSTRAÇÃO 1. *Texto em* scriptio continua *(século V, cópia da* Eneida *de Virgílio).*

A página da antiguidade clássica e dos primeiros séculos medievais é radicalmente diferente da página com a qual convivemos faz quase dez séculos, ou seja, a página que permite (sugere) uma interpretação (ilustração 2).

DEI, AD MARCELLINVM LIB. XVI. 479

A 34 Quid intelligendum ſit in eo quod Abraam poſt mortem Saræ accepit uxorem Cethuram.

35 De geminis adhuc in utero Rebeccæ matris incluſis, quid indicauerit diuina reſponſio.

36 De oraculo & benedictione quam Iſaac non aliter, quàm pater ipſius merito eiuſdem dilectione accepit.

37 De his, quæ in Eſau & Iacob myſtice præfigurantur.

38 De miſſione Iacob in Meſopotamiam ad accipiẽdam uxorem & de uiſione quã in itinere ſomniauit, & de quatuor ipſius fœminis cum unam petiſſet uxorem.

39 Quæ ratio fuerit ut etiam Iſraël cognominaretur.

40 Quomodo Iacob cum ſeptuaginta quinq; animabus Aegyptum narretur ingreſſus, cum pleriq; ex eis qui commemorãtur tempore poſteriori ſint geniti.

41 De benedictione quam in Iudam filium ſuum promiſit.

42 De filijs Ioſeph quos Iacob prophetica manuũ ſuarũ tranſmutatione benedixit.

43 De temporibus Moyſi & Ieſu Naue ac Iudicum, atq; exinde regum, quorum quidem Saul primus eſt, ſed Dauid præcipuus & ſacramento habetur & merito.

D. AVRELII AVGVSTINI EPISCOPI, DE CIVITATE DEI AD MARCELLINVM LIB. XVI.

An poſt diluuium à Noë uſq; ad Abraam aliquæ familiæ ſecundum deum uiuentium reperiantur. Cap. I.

B POST diluuium procurrentis ſanctæ ueſtigia ciuitatis, utrum continuata ſint, an intercurrentibus impietatis interrupta temporibus, ita ut nullus hominum ueri unius dei cultor exiſteret ad liquidum ſcripturis loquentibus inuenire difficile eſt, propterea quia in canonicis libris poſt Noë, qui cum coniuge ac tribus filijs, totidemque nuribus ſuis meruit per arcam à uaſtatione diluuij liberari, non inuenimus uſq; ad Abraam cuius quàm pietatem euidenti diuino eloquio prædicatam, niſi quod Noe duos filios ſuos Sem & Iaphet prophetica benedictione commendat, intuens & præuidens, quod longe fuerat poſt futurum. Vnde factum eſt etiam illud, ut filium ſuum medium, hoc eſt primogenito minorem, ultimoq; maiorem, qui peccauerat in patrem, non in ipſo, ſed in filio eius ſuo nepote malediceret uerbis: Maledictus Chanaan puer, famulus erit fratribus ſuis. Chanaan porrò natus fuerat ex Cham, qui patris dormientis nec texerat, ſed potius prodiderat nuditatem. Vnde & cõſecutus adiungit benedictionem duorum maximi & minimi filiorum, dicens: Benedictus dominus deus Sem, & erit Chanaan puer illius: lætificet deus Iaphet, & habitet in domibus Sem, ſicut ipſa eiuſdem Noë & uineæ plantatio, & ex eius fructu inebriatio, & dormientis nudatio, & quæ ibi cætera facta atque conſcripta ſunt propheticis ſunt grauidata ſenſibus, & uelata tegminibus.

IO. LODOVICI VIVIS VALENTINI IN XVI. DE CIVItate dei lib. D. Aurelij Auguſtini commentarij.

ET conſecutus.) Alij: quod ſecutus, & alij etiam quod ſequutus melius. Illuc enim refertur ꝓpheticis ſunt grauidata ſenſibus. Et habitet in domibus Sem.) De nobis Chriſtianis intelligi uult Hieronymus, qui expulſis Iudæis habitamus in eruditione & ſcientia ſcripturarum.

Quid in

ILUSTRAÇÃO 2. *Texto impresso na Basileia em 1522.*

Uma página que permite a extração de um fragmento para um ato de citação (Illich, 1994). As mudanças que deram lugar a essa "gramática da legibilidade" (Parkes, 1992) produziram o tipo de texto com que estamos familiarizados: um texto com título e autor claramente visíveis no começo, com páginas numeradas, com índice, com divisão em capítulos, seções e parágrafos, com um ordenamento numérico ou alfabético, com letras ampliadas para indicar começo ou titulação, com uma pontuação que ajuda o leitor a encontrar os limites externos e internos de uma determinada parte do discurso argumentativo. Essa página deu origem à leitura individual sem censura social. É esta a página que está a ponto de explodir com as novas tecnologias da comunicação.

Todavia, a leitura silenciosa alimentou ao mesmo tempo duas consequências não previstas: a heresia e o erotismo. A nova intimidade com o texto gera, num mesmo ato de cumplicidade, dois movimentos complementares: a liberdade do leitor, cuja interpretação fica momentaneamente fora da esfera da censura, e a liberdade do escritor, dono de sua pena e de sua voz apagada, que se permite expressar, na intimidade da cela ou da recâmara, o que ninguém poderia exprimir em voz alta (Saenger, 1997b).

A página herdada da Idade Média está agora a ponto de explodir. Essa página possibilitou a prática sistemática da citação e a distinção importantíssima entre comentário e citação (*exact wording*), o que é levado ao extremo com as novas tecnologias. A fragmentação indefinida de um texto pode produzir tanto um excesso de citações como, ao mesmo tempo, a possibilidade indefinida de plágio por causa da superabundância de textos em circulação.

A página medieval possibilitou uma relação única e singular entre o leitor e o texto. A página do computador rompe a intimidade com o texto. A página iluminada e em posição vertical transforma a leitura feita no computador numa leitura pública.

Em pouco tempo passamos do elogio da posição *décontractée*[1] ante o texto (abandono da posição escolástica e escolar da leitura pela possibilidade de ler esparramado no chão, sobre almofadas, na cama...) à adoção de uma nova postura rígida. A tela do computador nos faz recuar para a época do *scriptorium* medieval: as mãos numa posição fixa, sobre o teclado; os olhos observando um texto exposto na vertical; as costas rígidas. A rigidez da posição e a publicidade potencial do lido ou do produzido são duas consequências incômodas da nova tecnologia.

Antes do códice, as mãos do leitor ficavam presas, segurando as extremidades do rolo que estava lendo. Progressivamente, as mãos se libertaram possibilitan-

1. Em francês no original: descontraída. [N. da T.]

do essa maravilha dos tempos modernos: o leitor podia tomar notas enquanto lia. Agora, em certo sentido, voltamos ao rolo: a sucessão das páginas que lemos ou escrevemos na tela não tem nada de parecido com o folhear. O movimento do texto é vertical e não horizontal, e as mãos ficam presas entre o teclado e o *mouse* (palavra que ninguém se anima, felizmente, a traduzir por "rato").

Os livros foram progressivamente sendo diferenciados e personalizados. Seu aspecto nos permitia colocar-lhes títulos de imediato. Mas o computador nos impõe uma imagem neutra, onde todos os textos se parecem. (Tomemos como exemplo o correio eletrônico em oposição ao correio em que o envelope tem uma existência material. Ao examinar a correspondência normal, posso decidir se abro algo ou se jogo diretamente na cesta de lixo com base numa certa quantidade de indicadores: o tipo e tamanho do envelope, o logotipo, a presença ou ausência de letra manuscrita etc. Em contraposição, o correio eletrônico impede essa primeira decisão e me obriga a um exercício pseudodemocrático: todas as mensagens se apresentam com a mesma tipografia, como se todas fossem igualmente dignas de nossa atenção.)

O que acabo de escrever parece ter mais a ver com "a nostalgia conservadora" que com o realismo do usuário. Mas não é isso. Numa época em que só escutamos elogios às novas tecnologias, julguei oportuno lembrar aos editores aqui presentes de que está em jogo uma ruptura radical em relação às práticas medievais (pré-imprensa, se quiserem chamá-las assim) e, em certo sentido, um retorno a algumas dessas práticas que se acreditava superadas.

Como as mudanças são muito aceleradas, e a investigação sobre o impacto das novas tecnologias não consegue acompanhar o passo da própria evolução delas, só nos resta imaginar quais de todas essas mudanças causarão realmente impacto nas práticas de produção e compreensão de textos, nos usos sociais da língua escrita e na educação.

Faço a seguir uma lista com a intenção de provocar a reflexão e sem qualquer pretensão de propor uma agenda de discussão.

1) *A aglutinação de funções.* A dissociação de funções que hoje nos parecem solidárias era norma nos séculos passados: o autor não era o executor material das marcas; os escribas não eram leitores autorizados; a escrita foi exibida durante séculos diante de populações incapazes de ler o exibido; os monarcas tinham o poder de controlar o que podia ser escrito apesar de serem analfabetos etc.

Durante séculos o produtor do texto a ser escrito esteve dissociado do produtor das marcas, o *escriba*. O trabalho de escriba era trabalho de escravo ou de subalterno, devido à carga de trabalho manual envolvida na escrita. O escriba da Idade Média, por exemplo, tinha de raspar e polir a pele do animal e preparar o pergaminho; tinha de dar o corte adequado às penas de ganso com um instrumento que ainda hoje chamamos "cortaplumas[2]"; tinha de preparar as tintas etc. (Ong, 1987). O autor ditava, mas não produzia as grafias.

Os desenvolvimentos tecnológicos possibilitaram a junção de duas funções que durante séculos mantiveram-se separadas: a do autor intelectual e a do autor material das marcas. Assim surge o "manuscrito de autor" (junto com a ideia de autor, que é uma ideia moderna).

Com a difusão das máquinas de escrever, a ideia de "manuscrito de autor" ganha nova definição. O autor intelectual e material pode desprender-se agora de suas próprias grafias e escolher tipos de imprensa para sua produção. Em certa medida, começa a ser tipógrafo.

Com a chegada dos processadores de texto e o rápido aperfeiçoamento das impressoras pessoais, o autor material e o autor intelectual se reúnem pela primeira vez com a ideia de editor. Esse autor pode variar o tamanho e o tipo dos caracteres, pode decidir a *mise en page*[3], pode inserir desenhos ou molduras... e pode enviar seu disquete diretamente para a gráfica.

---

2. Em português, o termo espanhol só é usado como termo técnico de cutelaria. Em nossa linguagem corrente usamos canivete ou navalha. [N. da T.]

3. Em francês no original: diagramação. [N. da T.]

Os contratos *camera ready*[4] estabelecem uma nova relação autor-editor, cujo destino não julgo nem prejulgo. Acho simplesmente que é um dado a ser levado em consideração.

2) *A tipologia de textos não está fechada.* Não temos somente novos estilos de comunicação escrita como também novos modos de comunicação oral. Falar com uma secretária eletrônica gera um estilo de "falar por telefone" diferente daquele que já conhecíamos (e alguns linguistas estão começando a se interessar por isso). Da mesma maneira, enviar um fax ou um *e-mail* não equivale a expedir um telegrama, nem, muito menos, a remeter uma carta. A idade dos usuários parece ser um dado crucial na análise desses materiais (pelo que já dissemos a respeito de ser contemporâneo ou não do surgimento da tecnologia).

3) *A distinção imagem/texto é problemática.* Essa distinção, extremamente importante desde a introdução das "iluminuras" nos textos medievais, e firmemente estabelecida na Idade Moderna, é questionada pela primeira vez pelas novas tecnologias: simplesmente porque o texto pode ser tratado como imagem. A interface texto/imagem (e as mudanças de percepção por parte dos usuários) é, sem dúvida, um tema que merece a maior atenção, precisamente porque as novas tecnologias chegam num momento de superexploração

4. Obras prontas para reprodução. [N. da T.]

de recursos gráficos destinados a guiar a interpretação do leitor. (Esta é uma das manifestações mais óbvias da falta de confiança no leitor: em textos didáticos, particularmente, utiliza-se toda classe de recursos — desenhos, boxes, fundos de outra cor, mudança de tipografia etc. — porque a pontuação já não é considerada suficiente para guiar a interpretação de um leitor considerado, *a priori*, incompetente.)

4) *Tela de TV* versus *tela de computador*. Antes da proliferação dos PCs assistimos à instalação da televisão na sociedade. Tela por tela, elas são similares (de fato, sua interface é cada vez mais intensa). Mas em termos de difusão social uma é anterior à outra. Em certo momento, falou-se da possibilidade de a imagem substituir o texto..., mas os computadores restabeleceram com força a prioritária necessidade do manejo eficiente do alfabeto.

A tela da televisão tem algo que a outra tela não tem: o controle remoto. Há quem diga que o instrumento mais inovador é este — e não a tela —, por ter criado uma "cultura da interrupção e da impaciência" (Barbier Bouvet, 1993) que conduz à fragmentação do texto. Justapor, privilegiar os "tempos fortes" em detrimento das transições, mudar continuamente antes de ter tempo de analisar... São esses comportamentos da nova geração (a que nasceu convivendo com a televisão) que aparentemente transferem-se com a maior facilidade para a outra tela da vida contemporânea: a do computador. Podemos supor, com fundamento, que o modo de agir diante dessas duas telas pode afetar a relação com o texto impresso, não só em termos de frequência de uso como no modo de relação com ele. "A maneira de circular *entre* as imagens (e não só *na* imagem) transforma a maneira de circular dentro do texto" (Barbier Bouvet, 1993). E eu acrescentaria: modifica também a maneira de circular *entre* os textos.

5) *Imperialismo linguístico e consequências ortográficas.* Em princípio, a capacidade que os computadores têm de processar símbolos é ilimitada. Porém, o fato de as tecnologias serem desenvolvidas numa língua que desconhece os diacríticos leva, de fato, a considerá-los "complicações desnecessárias". Portanto, as diversas ortografias que, junto com as diferenças de línguas, foram consideradas neste século "modos alternativos" igualmente válidos de dizer ou escrever, voltam a ser submetidas ao paradigma do "latim dos tempos modernos", ou seja, do inglês.

Pede-se aos franceses que escrevam sem acentos (o que equivale a exercer uma violência inaudita sobre essa escrita). Em espanhol, a pobre letra "ñ" sofre as mais estranhas transformações: facilmente suprimível sem afetar a compreensão em *niño* [*criança*] ( = nino), o mesmo não ocorre em outros casos frequentes, como, por exemplo, *año*[5] [*ano*] (que já registrei em meus

5. Sem acento, a palavra significa ânus em espanhol. [N. da T.]

*e-mails* como *anio, anho, agno).* A omissão dos acentos (factível em espanhol) trará consequências ortográficas, com ou sem o beneplácito da Real Academia da Língua Espanhola.

O imperialismo linguístico expressa-se por certo também em outras frentes: adotam-se novas palavras por assimilação, mesmo quando existem termos perfeitamente estabelecidos na língua *(deletar* já é um verbo aceito em português do Brasil, no lugar de *apagar).* O imperialismo vai além do terreno computacional. O inglês *literacy* deu lugar a aberrações, tais como *literacie* (francês) ou *letramento* (português). Estamos todos cientes da insuficiência do termo *alfabetização,* que nos leva a contrassensos tais como "alfabetizado numa escrita não alfabética". No entanto, embora a palavra *alfabetização* esteja ancorada em "alfabeto", nada solucionamos com um *letramento* que está ancorado em "letra". O que devemos dizer é "cultura letrada", para nos aproximarmos do significado original de *literacy* (já que atualmente, com expressões tais como *TV-literacy*, não sabemos mais de que *literacy* estamos falando...).

Enfim, nestes tempos modernos, qualquer proposta de "simplificação ortográfica" está inevitavelmente tingida de imperialismo ortográfico.

6) *Defasagem entre gerações.* Acho que todos aqui presentes tiveram a mesma experiência: os únicos téc-

nicos em que confiamos para resolver nossos problemas com as novas tecnologias são os jovens. Quanto mais jovens, melhor. Quando algum "técnico em computação" de mais de 40 anos chega em nossos escritórios, perguntamos: não podem mandar alguém mais jovem?

Esse é um dos poucos terrenos em que todos os que têm 40 anos ou mais reconhecem sem hesitar a competência dos mais jovens, o que tem inegáveis implicações educativas.

E porque de educação se trata (especificamente de alfabetização, que continua sendo o básico do básico em educação), a pergunta que se impõe é se a escola, como instituição social, está preparada para responder às novas exigências de alfabetização. A resposta é rotundamente negativa.

Como disse anteriormente, essas transformações tecnológicas, que provavelmente estão redefinindo — queiramos ou não — os termos "ler" e "escrever", chegam em meio a promessas não cumpridas de alfabetização universal (dados da Unesco: mais de 960 milhões de analfabetos, dos quais dois terços são mulheres; mais de 100 milhões de crianças — das quais 60 milhões são meninas — sem acesso à educação básica no mundo). O objetivo tantas vezes declarado — "iniciar o século XXI sem analfabetos" — é inalcançável. Em termos percentuais houve uma diminuição global do analfabetismo, mas em termos absolutos existem cada vez mais analfabetos no mundo.

Pior ainda: a definição de "alfabetizado" utilizada por essas estatísticas é obsoleta. Se usássemos como definição "fazer parte da cultura letrada" ou "poder circular na diversidade de textos que caracteriza a cultura letrada, pelo menos como receptor da mesma", os números seriam estarrecedores.

É possível — e desejável — que o debate tecnológico sirva para tornar obsoletas perguntas já envelhecidas que ainda hoje são propostas como tema de debate pedagógico: deve se usar letra cursiva ou letra de fôrma para a alfabetização inicial?; deve-se ensinar com lápis ou com esferográfica?; tanto faz ser destro ou canhoto? Agora, a resposta a essas perguntas é imediata: o mais urgente é iniciar as crianças no teclado (seja ele de uma máquina de escrever ou de um computador, basicamente iguais). A escrita dos tempos modernos é feita com as duas mãos e com caracteres separados.

Deve-se iniciar as crianças primeiro nos textos narrativos e depois, paulatinamente, em outros tipos de textos? A resposta também é imediata: a exigência fundamental dos tempos modernos é circular entre diversos tipos de textos. Não existem textos privilegiados, mas sim exposição simultânea à diversidade (tal como é o caso na aquisição da língua oral). Ser leitor crítico e ter critérios para poder selecionar não são objetivos que possam ser postergados para os últimos anos do ensino fundamental.

De acordo com quais critérios julgamos que um texto é melhor que outro? Aqui, só cabe um ponto de interrogação: é possível que estejamos assistindo a uma nova estética textual, uma espécie de "estética da fragmentação", que aceito como possibilidade embora ainda não a compreenda. Se aceitarmos que estamos num momento de transição, os critérios de "texto bem construído" devem necessariamente mudar. Talvez essas mudanças sejam mais pronunciadas no caso da criação literária que no caso de textos acadêmicos argumentativos.

Em todo caso, bem-vindas sejam as novas tecnologias se servirem para enterrar SEM honras debates pedagógicos caducos. Porque os atores desse enterro serão aquelas crianças que, interrogadas por pesquisadores marginalizados e minoritários (entre os quais me incluo) na década de 1980, nos ajudaram a dar maior complexidade à concepção da alfabetização que se tinha até então. Elas — crianças de 4 a 6 anos — nos ajudaram a argumentar com muita seriedade que ler não é o mesmo que decodificar; que ser alfabetizado não equivale a "saber o alfabeto"; que as dificuldades cognitivas para entender esse modo particular de representar a linguagem (a escrita) não têm nada a ver com as dificuldades para ter acesso a tal ou qual tecnologia da escrita. Elas — crianças de 4 a 6 anos — obrigaram os investigadores a re-significar a relação da escrita com a língua, a reintroduzir TODOS os níveis de análise linguística para compreender o comportamento leitor (sem privilegiar exclusivamente o nível fonológico).

Foi preciso mostrar que os copistas não são produtores de texto, destroçar os rituais de recitação das famílias silábicas, ridicularizar os enunciados escolares... e deixar entrar no grande cenário e de pleno direito dois grandes ausentes da formulação tradicional: a língua escrita e a criança que pensa.

Aqueles que não entendiam o que estávamos fazendo nos acusaram de estar contra os métodos; outros achavam que estávamos inventando um método novo que, por inconfessáveis razões, não queríamos batizar com seu verdadeiro nome. O que estávamos sim inventando eram novas perguntas, para as quais as crianças deram respostas tão originais que bastou apenas amplificar bastante a voz delas para sacudir o modorrento pensamento escolar e tirá-lo dos bolorentos armários da discussão metodológica. Por exemplo, a liberação da escrita permitiu a manifestação da existência de escritores em potencial de apenas 6 ou 7 anos, como mostra o notável texto de Samuel (6 anos e 8 meses). O conto tem um título claro e um começo convencional (*"Había una vez..."*). Não é muito original falar de castelos e de bruxas. O extraordinário começa com a intenção de falar de um castelo onde *"las horas pasaban ao revés"*, e com o encadeamento das ações em sentido inverso *"primero se secaba y luego se lavaba"*. O desafio que Samuel procura enfrentar, com sua pouca experiência de escritor, é de grandes proporções, e ele parece não ter medido bem suas forças, já que o episódio seguinte escapa à lógica do "mundo ao contrário" (*"la bruja hechizó a un señor y lo convirtió en sapo y se fue brincando"*). Mas ali aparece um ponto salvador, a um só tempo fecho do deslize e recuperação brilhante da ideia original.

Precisamente a partir do ponto (o único de todo o texto), Samuel não somente recupera sua intenção original, como é capaz de transformar o texto num *metatexto* que fala sobre si mesmo. Num rapto de genialidade, que prenuncia recursos de grande escritor, Samuel fecha brilhantemente sua página: "*E aquí empienza la historia porque donde la empecé es el FINAL*". (E, como se fosse pouco, aumenta os caracteres da última palavra, dando ao texto uma *mise en scène* gráfica entre o título, claramente diferenciado do resto do texto por um espaçamento maior, e o FINAL, centrado.) Indubitavelmente, para produzir um texto assim é necessária uma experiência intensiva com contos e com leitores, e um contexto escolar que saiba distinguir

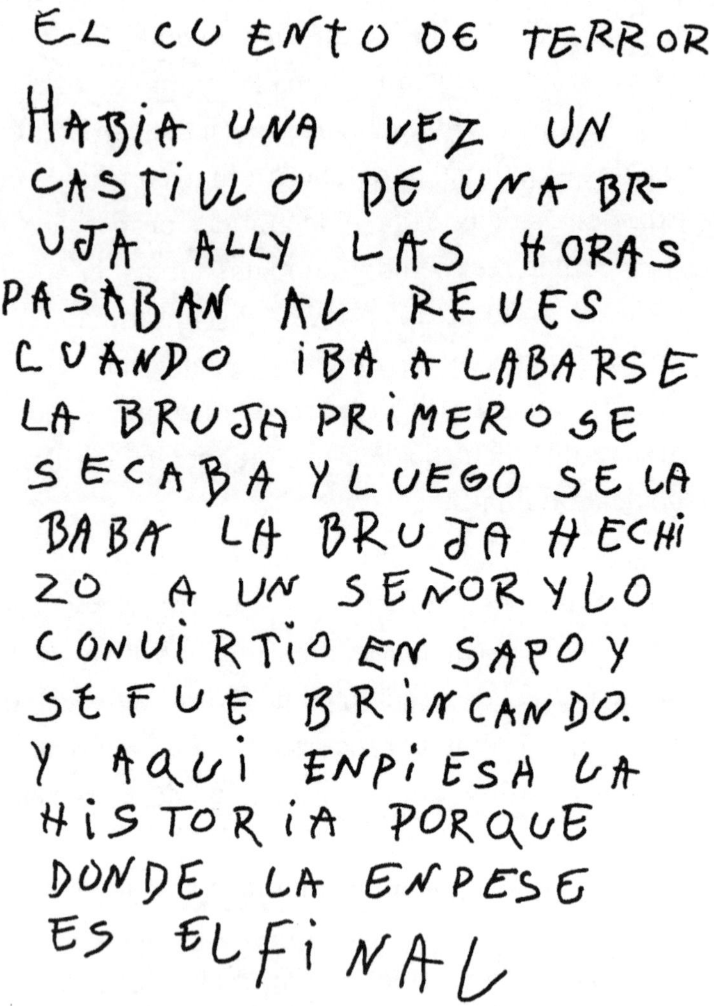
EL CUENTO DE TERROR
HABIA UNA VEZ UN
CASTILLO DE UNA BR-
UJA ALLY LAS HORAS
PASABAN AL REUES
CUANDO IBA A LABARSE
LA BRUJA PRIMERO SE
SECABA YLUEGO SE LA
BABA LA BRUJA HECHI
ZO A UN SEÑORYLO
CONUIRTIO EN SAPO Y
SEFUE BRINCANDO.
Y AQUI ENPIESA LA
HISTORIA PORQUE
DONDE LA ENPESE
ES ELFINAL

A história de terror. *Conto escrito por Samuel, de 6 anos e 8 meses. (Texto produzido em situação escolar.)*

*Versão normalizada*

EL CUENTO DE TERROR

HABÍA UNA VEZ UN CASTILLO DE UNA BRUJA
ALLÍ LAS HORAS PASABAN AL REVÉS
QUANDO IBA A LAVARSE LA BRUJA
PRIMERO SE SECABA
Y LUEGO SE LAVABA
LA BRUJA HECHIZÓ A UN SEÑOR
Y LO CONVIRTIÓ EN SAPO
Y SE FUE BRINCANDO.

Y AQUÍ EMPIEZA LA HISTORIA
PORQUE DONDE LA EMPECÉ ES EL FINAL*

---

* A história de terror/Era uma vez um castelo de uma bruxa/ali as horas passavam ao contrário/quando ia se lavar a bruxa/primeiro se secava/e depois se lavava/a bruxa enfeitiçou um senhor/e o transformou em sapo/e foi embora brincando./E aqui começa a história/porque onde a comecei é o final.

entre a construção textual e a obediência às convenções ortográficas.[6]

As crianças de todas as épocas e culturas souberam enfrentar os desafios da cultura onde lhes coube crescer. Hoje em dia, a escola tradicional lhes propõe uma de-

---

6. Agradecemos a Myriam Nemirovsky o acesso a este texto, resultante de uma das experiências didáticas que ela assessorou no México.

finição de alfabetização, ao passo que a sociedade começa a exigir-lhes outra. Destino de quem nasce numa época de transição. A cultura letrada não se esgota na literatura nem no livro informativo. O acesso à diversidade de livros deveria dar-se na escola; se ela não cumpre sua função, outros espaços têm de ser criados ou recriados: as bibliotecas públicas, os centros culturais, os programas de televisão, o cinema, o jornal, as redes informáticas.

Porém, quero manifestar publicamente minha enorme desconfiança em relação aos discursos puramente ideológicos que nos anunciam a democracia via Internet. Já nos disseram e repetiram durante décadas que o alfabeto era a escrita mais democrática de todas *(simple, scientific, easy to learn)*, e hoje sabemos que essa concepção da história da escrita na humanidade é mais ideológica que científica.

O verdadeiro desafio é o da crescente desigualdade: o abismo que já separava os não alfabetizados dos alfabetizados vem se alargando cada vez mais. Alguns não chegaram nem sequer aos jornais, aos livros e às bibliotecas, enquanto há quem corra atrás de hipertextos, correio eletrônico e páginas virtuais de livros inexistentes. Seremos capazes de dar-nos uma política de acesso ao livro que favoreça a superação desta crescente desigualdade? Ou nos deixaremos levar pela voragem da competitividade e da rentabilidade, embora a própria ideia de democracia participativa pereça nelas?

Era uma vez uma criança... que estava em companhia de um adulto... e o adulto tinha um livro... e o adulto lia. E a criança, fascinada, escutava como a língua oral se torna língua escrita. A fascinação do lugar preciso em que o conhecido se torna desconhecido. O ponto exato para assumir o desafio de conhecer e crescer.

3

# Diversidade e processo de alfabetização: da celebração à tomada de consciência*

A alfabetização não é mais entendida como mera transmissão de uma técnica instrumental, realizada numa instituição específica (a escola). A alfabetização passou a ser estudada por inúmeras disciplinas: a história, a antropologia, a psicolinguística, a linguística (além das tradicionais, como a epigrafia, a arqueologia, a numismática).

Muitas coisas mudaram nos últimos anos. Eu me atreveria a dizer que estamos assistindo ao surgimento de um novo campo multidisciplinar. É como se a

---

* Conferência inaugural do *15º World Congress of the International Reading Association* (Buenos Aires, julho de 1994), durante o qual foi outorgada a Emilia Ferreiro a International Citation of Merit daquela associação. Texto publicado inicialmente pela Revista Latinoamericana de Lectura, *Lectura y Vida*, v. 15, nº 3, p. 5-14, 1994.

escrita, abandonada numa "terra de ninguém" pelos linguistas deste século[1], estivesse adquirindo direito de cidadania, num país de não se sabe quem, em territórios não se sabe de onde.

Esse objeto — a escrita — que parecia tão simples tornou-se consideravelmente complexo. Agora, além de analisar e classificar os distintos sistemas de escrita inventados pela humanidade (análise esta que conta com ilustres precursores e que também se tornou mais complexa no que concerne à interpretação da evolução dos sistemas), somos sensíveis às diferenças, em termos de significação social, da produção e utilização de marcas escritas, às relações entre oralidade e escrita, às relações entre produção gráfica e autoria textual, às condições de surgimento dos distintos estilos literários e às tradições pedagógicas inseridas, agora sim, num contexto sócio-histórico, o que lhes dá outro sentido.

De todos os temas surgidos nos desenvolvimentos recentes, decidi focalizar um que, a meu ver, atravessa a reflexão sobre a alfabetização em qualquer nível de análise em que nos situemos, e que considero pertinente para este congresso (cujo tema principal é "*So-*

1. G. Sampson (1985, p. 11) cita as expressões axiomáticas dos discípulos de L. Bloomfield, a primeira das quais é: "A linguagem é basicamente a fala, e a escrita carece de interesse teórico". O próprio Bloomfield escreveu: "A escrita não é linguagem, mas um simples modo de registrar a linguagem por meio de marcas visíveis".

*ciocultural contexts for literacy*"): o tema da diversidade (com sua contrapartida linguística: a tradução).[2]

Quando estudamos a alfabetização — de qualquer de seus ângulos ou facetas — não há como esquivar-se de uma consideração sobre a diversidade: diversidade de sistemas de escrita inventados pela humanidade; diversidade de propósitos e de usos sociais; diversidade de línguas em contato; diversidade na relação com o texto, na definição histórico-cultural do leitor, na autoria e na autoridade.

## Conquistadores e conquistados

Conquistadores e conquistados precisaram se entender mutuamente, em todos os lugares e em todas as épocas. O drama da conquista de nossa América também teve uma dimensão linguística. Como os que mais necessitavam se fazer entender eram os conquistados, foram eles os que manifestaram um maior "dom para as línguas" (sempre, em todas as épocas, os conquistados foram considerados infra-humanos, como os indígenas ameríndios; no entanto, pareciam dotados

2. Não será fácil falar de tradução tendo consciência de estar sendo traduzida. Entrevejo que tentarei estabelecer um triplo diálogo: direto, com o público hispânico; indireto, com os/as tradutores(as); mediatizado, com o púbico anglófono. Em vez de acrescentar dificuldades à tarefa, será algo pertinente ao tema de que irei tratar.

para as línguas). Em várias histórias dessa epopeia podemos encontrar passagens como esta:

> os índios parecem ter tido mais facilidade para aprender o espanhol ou o português que os espanhóis para falar as línguas ameríndias. Consta, por exemplo, que os primeiros intérpretes foram em sua maioria índios, e sabe-se também que Cristóvão Colombo capturou vários indígenas e os trouxe para a Espanha onde serviram depois de intérpretes (eram chamados "línguas" ou "trujamanes"). (Pottier, 1983, p. 27)

Pobre Colombo! Apesar de vir de uma experiência plurilíngue[3], tinha a esperança de que nestas terras se falasse uma língua só:

> Colombo adotou o procedimento básico de fazer cativos alguns índios para que depois servissem de intérpretes em suas quatro viagens. [...] Colombo logo descobriu que nem todos os índios entendiam os intérpretes e que nas ilhas se falavam línguas diversas. [...] Na costa da América Central descobre que cada um dos novos povos tem sua língua e que "se entendem tão pouco entre si quanto nós com os da Arábia" [...] Todas as expedições procederam do mesmo modo. [...] As Ordenanças Reais de 1526, sobre

3. A análise das caravelas de Colombo como espaços plurilíngues é apaixonante. Dizem que Colombo falava e escrevia muitas línguas, mas todas misturadas. Nos barcos se aprendia a falar, ler e escrever em várias línguas ao mesmo tempo: italiano, castelhano, catalão, provençal, francês, português. Várias línguas diferentes ou o modo de falar dos marinheiros do Mediterrâneo? Ou seja, o Mediterrâneo como espaço linguístico, por oposição à concepção territorial (não marítima) da distribuição das línguas (ver C. Blanche-Benveniste e A. Valli, 1997).

> o bom tratamento dos índios, autorizaram a colocar em cativeiro uma ou duas pessoas em cada descobrimento, e não mais, para línguas "e outras coisas necessárias em tais viagens". (Potticr, 1983, p. 99)

Alejo Carpentier (em *A harpa e a sombra*) nos apresenta com palavras memoráveis os temores de Colombo de encontrar uma cruz nas novas terras (o que seria a prova de seu fracasso, já que ele vinha conquistar, em nome da cruz...). No entanto, seus temores linguísticos não eram menores. Efetivamente, o conquistador tem de fazer valer seus direitos sobre os conquistados num ato linguístico de tomada de posse. Se esse ato de posse/dominação tiver de ser traduzido para muitas línguas, e se, além disso, não se souber quantas são essas "muitas línguas", o problema torna-se infernal. (Calcula-se que no momento em que Cortez chegou no México falavam-se mais de 80 línguas e dialetos diferentes; de acordo com outros cômputos, a quantia se eleva para 124.)

Entre conquistadores e conquistados abundaram os mal-entendidos linguísticos. Valha como único exemplo o seguinte:

> O Inca Garcilaso de la Vega narra a seguinte anedota, a propósito do índio Felipillo: "aprendeu a língua sem que ninguém lhe ensinasse, só de ouvir falar os espanhóis, e as palavras que de ordinário mais ouvia eram as empregadas pelos soldados bisonhos, voto a tal, juro a tal* e

* Blasfêmias, também encontradas na literatura seiscentista em língua portuguesa. [N. da T.]

> outras semelhantes e piores [...] Tal e tão aventurado foi o primeiro intérprete que o Peru teve; e chegando à sua interpretação, há que saber que a fez ruim e em sentido contrário, não porque o quisesse fazer maliciosamente, senão porque não entendia o que interpretava, e o dizia como um papagaio, e [com respeito ao mistério da Santíssima Trindade] para dizer 'Deus, Trino e Um' disse 'Deus, três e um são quatro', somando os números para dar-se a entender". (Pottier, 1983, p. 27)

Durante toda a história (antiga e moderna) o tradutor teve um papel essencial. Isso significa que o papel das línguas em contato foi e continua sendo essencial. Porém, na medida em que o encarregado de traduzir é um subalterno, e considerando que a história é escrita pelos dominadores, a importância desse fato permaneceu na sombra.

O plurilinguismo foi e continua sendo a situação mais frequente. Hoje em dia a maior parte da humanidade vive em contextos plurilíngues:

> Multilinguismo é o modo natural de vida de centenas de milhões em todo o mundo. Embora não haja estatísticas oficiais, o fato de coexistirem aproximadamente 5.000 línguas em menos de 200 países significa que deve ocorrer uma grande quantidade de contatos entre línguas. (Cristal, 1987, ed. 1993, p. 360)

(Numa reunião recente da Unesco, uma colega do Senegal afirmou o seguinte: "O multilinguismo é o que nós, africanos, mais compartilhamos".)

Sabemos pouco sobre o desenvolvimento linguístico das crianças que crescem nesses contextos plurilíngues por uma simples razão: grande parte das investigações é feita em países que ainda hoje mantêm a ilusão de ser monolíngues.[4] Quem cresce nesses contextos desenvolve também, necessariamente, habilidades de tradutor. Trata-se de uma habilidade metalinguística ou não? Sem dúvida sim e, apesar de o tema da consciência linguística (*linguistic awareness*) estar de moda, essa habilidade não foi suficientemente estudada já que, mais uma vez, os problemas psicolinguísticos relacionados com os processos de alfabetização são definidos no hemisfério Norte.

## Escribas e escritas antigas

A escrita, mãe do alfabeto, surge na Mesopotâmia clássica, em contextos multilíngues e multiculturais. Não se pode dizer que o plurilinguismo ajudou a gerá-la, mas pode-se afirmar que ele não constituiu um empecilho para sua criação e sua extraordinária difu-

4. "Um em cada sete residentes nos Estados Unidos fala uma língua estrangeira em casa, o que significa um importante incremento em comparação com 1980. [...] O novo resultado do censo mostra que os 31.800.000 falantes de línguas estrangeiras utilizam 329 línguas diferentes. A mais comum é o espanhol, falada por mais de 17 milhões (54% dos quais não falam inglês em casa). Isso significa dez vezes mais que os que falam francês, que é a segunda língua em termos de frequência" (*Today*, Estados Unidos, 28 de abril de 1993).

são. Composta de uma mistura de logogramas, signos fonéticos (silábicos) e determinantes categoriais silenciosos, a escrita cuneiforme se expandiu por uma extensa região e serviu para escrever línguas diferentes sem qualquer parentesco linguístico.

O território em que a escrita surgiu, no final do quarto milênio antes de Cristo,[5] estava ocupado por diversas etnias em simbiose, com predominância, por um lado, de povos de línguas semitas (que chamamos, por convenção, "acádios"), provenientes das franjas setentrionais do grande deserto sírio-árabe, e, por outro, de "sumérios", cujo idioma era radicalmente diferente e que teriam vindo do sudeste. Os dois grupos, inicialmente separados, rapidamente se misturaram. Os sumérios inventaram a escrita, mas foram literalmente fagocitados por seus vizinhos, os acádios, no transcurso do século III a.C. (Bottéro, 1990).

Inventada pelos sumérios, a escrita cuneiforme sobreviveu à língua que a originou. Foi adotada pelos babilônios (semitas nômades vindos do deserto sírio). Na região do Elão (sudeste iraniano) essa escrita serviu para escrever o acádio e o elamita (língua nem semítica nem indo-europeia). Os persas levaram consigo a língua e a escrita elamita, e as transformaram em ins-

5. "Hoje podemos afirmar que o sistema de escrita protocuneiforme foi provavelmente inventado, como sistema completo, em algum momento do final do quarto milênio antes de Cristo no Sul do Iraque, numa das cidades da Suméria, muito provavelmente em Uruk" (Michalowski, 1994, p. 54).

trumento da administração. A oeste, os hurritas (de língua também nem semítica nem indo-europeia) adotaram o sistema cuneiforme para escrever sua língua, e, por meio desse povo, esse sistema chegou aos hititas (indo-europeus), que o utilizaram não só para sua própria língua como também para a de povos vizinhos.

O sistema cuneiforme e as tabuinhas de argila como suporte foram difundidos por toda a Ásia menor, Síria e Anatólia. Não conhecemos ainda a data exata do desaparecimento dessa escrita. (A última tabuinha cuneiforme com datação segura é do ano 75 de nossa era.) "Isso significa que o sistema cuneiforme foi utilizado durante três milênios e meio aproximadamente" (Michalowski, 1994, p. 63).

Em consequência, antes do alfabeto grego houve um intenso trabalho de tradução e adaptação de um sistema bem-sucedido de escrita para uma multiplicidade de línguas.[6]

Felizmente, a investigação atual está nos afastando das versões tradicionais da história da escrita, que a consideravam uma marcha inevitável rumo ao alfabe-

---

6. Por exemplo, o logograma do céu era lido *am* em sumério, *samu* em acádio, e *nepis* em hitita. Os determinantes silenciosos cumprem uma função primordial de organizadores textuais (determinantes de nomes de pessoas masculinas, femininas, deidades, cidades). A difusão dos mesmos determinantes permite interpretar textos cuneiformes escritos em línguas ou dialetos desconhecidos (por exemplo, a decifração das tabuinhas de Elba, ao norte da Síria, escritas numa língua desconhecida, um dialeto semítico do nordeste, do qual não havia outros testemunhos) (Godart, 1992).

to, e está nos afastando também da visão tradicional que nos apresentava o sistema alfabético como o único que acumula todas as virtudes sem nenhum defeito: simples, econômico, preciso, o alfabeto nos levaria pela mão rumo à alfabetização universal, ao pensamento racional, à ciência contemporânea... e à democracia.

O reconhecimento do caráter misto das escritas derivadas do alfabeto grego (nenhuma das quais é puramente alfabética), assim como o estudo dos diferentes sistemas de escrita *per se* (e não como simples etapas preparatórias do alfabeto)[7] e de sua estrita adequação às línguas em que se originaram, permite ter uma visão mais equitativa e objetiva dessa história.

É inegável que o alfabeto também foi inventado graças ao contato e à diferença entre as línguas. Com efeito, problemas de tradução (com assimilação deformante) parecem estar na origem do alfabeto. É impensável que os gregos já tivessem a ideia da escrita alfabética e só lhes faltassem as formas arbitrárias para criá-la. Isso é impensável porque o homem foi um criador de marcas gráficas desde a mais remota antiguidade. (Embora seja igualmente claro que há uma diferença abismal entre um conjunto de marcas gráfi-

7. Uma das grandes conquistas da linguística do século XX foi o estudo de cada língua *per se*, em vez de considerá-las em função de um protótipo de "língua perfeita" (o latim). Faltava fazer o mesmo em relação às escritas: estudar cada uma por si mesma, em vez de considerá-las em função do ideal da escrita alfabética.

cas e um sistema de formas gráficas linguisticamente interpretado.)

O mais provável é que a versão do alfabeto semítico encontrada pelos gregos tenha sido aquela utilizada pelos fenícios. Mas, quer tenha sido a dos fenícios ou a dos cananeus, o que importa é que esses povos tinham não só um conjunto de formas, senão um conjunto ordenado dessas formas (uma "ordem alfabética") e uma maneira de nomear essas formas pelo princípio de acrofonia: uma palavra que começava com o som correspondente àquela letra. Consequentemente, não é difícil imaginar um possível diálogo linguístico entre falantes de uma língua semítica, em que o significado está vinculado à trama ou esqueleto consonantal, e falantes do grego, em que as vogais são importantes para distinguir significados. O alfabeto fenício tinha iniciais para sons inexistentes em grego: sons faríngeos e obstrução glotal. A palavra que identifica a primeira letra era *ʔalp*, e ali donde o fenício escutava uma consoante inicial, os gregos escutaram uma vogal: assim, a primeira letra do alfabeto grego é *alpha*, nome sem significado em grego (cf. Sampson, 1985, cap. 6).

A vantagem dessa interpretação da história é que evita todas as dificuldades próprias da "versão oficial" anterior, segundo a qual (e graças a esse inefável chamado "gênio grego") os gregos teriam reconhecido tanto as consoantes do próprio sistema como as do fenício, e percebido de imediato que o déficit estava na representação das vogais.[8] De acordo com as novas interpretações desse momento crucial da história europeia, um mal entendido básico teria ocorrido no momento de criação da escrita alfabética: o mal entendido típico que sempre se produz entre falantes que não compartilham o mesmo sistema fonético (não reconheço esse som, assimilo-o a um dos meus, teu *ʔa* é meu *a*, ou seja, uma maneira particular de dizer "a" e não um fonema glotal inicial). É num contexto de intercâmbios comerciais (e linguísticos) que o alfabeto é gerado.

Que o milagre grego tenha resultado, ou não, de uma assimilação deformatória pouco importa, porque o fato teve as consequências que conhecemos. Só quero ressaltar a existência de fenômenos de tradução (e interpretação) na origem de nosso alfabeto, pelo fato de haver línguas em contato.

Também a escrita egípcia foi decifrada graças à tradução: a pedra da Rosetta, que apresenta o mesmo texto escrito em duas línguas (grego e egípcio) e em três tipos de caracteres (hieroglífico, demótico e grego), é também um testemunho da plurialfabetização reinante no Egito conquistado pelos gregos, uma vez que ali a escrita tradicional não se perdeu. Os sacerdotes, responsáveis pelas escolas de escribas, introduziram a

8. Se tivessem podido fazer isso, os gregos teriam possuído uma *phonological awareness* muito superior à dos adultos não alfabetizados do século XX.

escrita do invasor sem renunciar à própria. (Em 332 a.C. Alexandre da Macedônia conquista o Egito e expulsa os persas, mas não muda o regime faraônico. Cf. Thompson, 1994, p. 71-72.)

Na antiguidade clássica mesopotâmica e egípcia, os escribas trabalhavam com mais de uma língua, e seu treinamento compreendia a utilização de línguas escritas sem contrapartida oral. "Os primeiros sistemas de escrita quase nunca foram utilizados para escrever a língua vernácula" (Michalowski, 1994, p. 59).

> Os escribas de todo o Oriente próximo, e inclusive da Anatólia indo-europeia, Irã e Egito, dominavam o acádio e o sumério, nenhum dos quais era sua língua nativa, e quando inventaram seus próprios sistemas de escrita, como em Ugarit, na costa do Mediterrâneo, mantiveram o antigo sistema cuneiforme. Os mesmos escribas escreviam em duas, três ou mais línguas diferentes e em diferentes *scripts*. (Michalowski, 1994, p. 60)

Muitas das virtudes atribuídas aos caracteres enquanto tais (*script*) ou ao sistema (alfabético) pareceriam corresponder antes à sociedade que se encarregou de administrar esse *script*. A secularização da escrita surge como um dos fatores fundamentais. (Parece que, pela primeira vez, as escolas foram independentes dos templos.)

Se for verdade que a grande revolução grega não foi a invenção do alfabeto mas uma maior distribuição do controle do discurso que pode ser escrito — um passo rumo à perda de profissionalização do escriba —, então é preciso vincular a história dos sistemas de escrita à história da alfabetização, aos lugares de controle, uso e distribuição das marcas escritas, e ao controle sobre o discurso que deve ou pode ser escrito. Recordemos que os escribas da antiguidade escreviam para outros escribas, não para uma autoridade que geralmente não sabia ler, e tampouco para o povo, que assistia a uma "escrita silenciosa", uma escrita símbolo de autoridade, uma escrita "para ser vista, não lida" (Detienne, 1986; citado por Michalowski, 1994).

O alfabeto surge num contexto de intercâmbios linguísticos, de diferenças compartilhadas. Em pouco tempo, o sistema deixa de ser puramente alfabético (diferenças de duração das vogais não são sistematicamente transcritas). Para nossos propósitos, o reconhecimento de que todo sistema de escrita é misto, de que o ideal alfabético é justamente um ideal nunca alcançado é relevante, porque as incompatibilidades entre as diferenças surgem da convicção de alguma das partes, ou de todas elas, de que cada uma delas representa um ideal incompatível com outros ideais.

## Alfabetização e escolarização

Daremos agora um salto para o presente e para o futuro previsível. (Embora fosse muito útil entrar nos apaixonantes temas da diglossia durante a Idade Média, quando as línguas romances, *lengua illiterata*, encontram a maneira de penetrar no latim, de modo que, até o Império de Carlos Magno, escreve-se em latim para pronunciar em língua romance, e se pronuncia em romance o que se escreveu em latim..., o que está na origem das famosas "letras mudas" que irão impregnar o francês, por exemplo [Blanche-Benveniste, 1993].)

Tal como a estamos vislumbrando, a história da alfabetização está impregnada de multilinguismo, de *multi literacy* e de intercâmbios culturais.

A história da alfabetização no contexto da escolarização obrigatória é outra história. A escola pública, gratuita e obrigatória do século XX, é herdeira daquela do século passado, aquela que foi encarregada de missões históricas de suma importância: criar um só povo, uma só nação, eliminando as diferenças entre cidadãos considerados como iguais perante a lei. A principal tendência foi equiparar igualdade a homogeneidade. Se os cidadãos eram iguais perante a lei, a escola devia contribuir para gerar esses cidadãos homogeneizando as crianças, independentemente das suas diferenças iniciais. (O uniforme escolar contribuiu, em vários lugares, para tornar visível essa aparente homogeneidade).

Encarregada de homogeneizar, de igualar, essa escola mal podia apreciar as diferenças. Como parte de sua missão, essa escola lutou não só contra as diferenças de línguas, mas também contra as diferenças dialetais na fala, contribuindo assim para gerar o mito de um único dialeto padrão para ter acesso à língua escrita.

A negação das diferenças caracteriza, pois, uma primeira etapa na democratização do ensino. Essa negação tentou ir muito, muito longe mesmo, como é visível no surgimento das novas nações, particularmente daquelas que contavam com população autóctone antes da conquista. No alvorecer do século XX surgia uma extraordinária polêmica no México sobre o problema indígena. O positivista Justo Sierra afirmava:

> A poliglossia de nosso país é um obstáculo à propagação da cultura e à formação plena da consciência da pátria, e só a escola obrigatória, generalizada em toda a nação, pode salvar tamanho escolho. (Brice-Heath, 1986, p. 124)

Portanto, não há nenhum espaço previsto para a conservação das línguas indígenas. Justo Sierra nada mais fazia senão retomar um discurso que, desde 1830, estava na boca dos políticos liberais (progressistas para sua época): para que a nação mexicana pudesse se constituir, os índios (três quintos da população naquele momento e, além do mais, pobres e sem terras) não podiam ser considerados e tratados separadamente. José M. Mora propunha que não se falasse de "índios e não índios", mas de "pobres e ricos". Por intermédio da educação (que pressupunha a alfabetização em espanhol) os índios poderiam participar, como qualquer outro cidadão, dos benefícios econômicos da nação. Mora propunha que o primeiro congresso constitucional desterrasse a palavra *índio* do uso público e legal, e que a lei declarasse: "já não existem índios" (Brice-Heath, 1986, p. 103). Temos aqui um exemplo notável de negação das diferenças, e por razões progressistas para a época.

Historicamente falando, a negação das diferenças pôde derivar de atitudes progressistas. Da mesma maneira, o reconhecimento das diferenças pode conduzir a atitudes segregacionistas e responder a interesses antiprogressistas. Foi o que ocorreu na África do Sul recentemente (Samuels, 1990). Para estabelecer o sistema do *apartheid* foram invocadas as necessidades específicas dos nativos sul-africanos (Bantu Education Act de 1953): a comissão encarregada de estabelecer os princípios de uma educação específica para os nativos sul-africanos (Native Education Commission) recebeu a incumbência de formular os "princípios e propósitos da educação dos nativos considerados como raça independente, educação na qual sejam levados em consideração seu passado e seu presente, suas qualidades raciais inerentes, suas características e aptidões distintivas, e suas necessidades sob condições sociais sempre cambiantes".

Portanto, nem sempre o reconhecimento das diferenças esteve ligado à justiça social, nem sua negação esteve determinada pela negação dessa mesma justiça social.

O que quero enfatizar é que, desde sua fundação como instituição, a escola pública das novas nações teve dificuldade de trabalhar com a diversidade.

A despeito dos esforços da instituição escolar, as diferenças subsistiam. As primeiras diferenças claramente reconhecidas foram as individuais em termos de rendimento escolar. Mas não estou tratando aqui de diferenças individuais, senão daquelas que afetam grupos sociais, ou então crianças individuais pertencentes a esses grupos sociais.[9]

No domínio específico da alfabetização, a transformação da escrita — objeto social por excelência — em objeto escolar contribuiu para acentuar esse movimento de negação das diferenças: alfabetiza-se com um único método, com um único tipo de texto privilegiado (controlado e domesticado), adotando uma única definição de leitor, um único sistema de escrita válido, uma norma de fala fixa.

A escola pública dos países latino-americanos, cada vez mais superpovoada e cada vez menos prepa-

---

9. É bem sabido que o reconhecimento dessas diferenças individuais contribuiu para criar tanto os testes de inteligência como as escolas de educação especial. Em consequência, essas diferenças individuais reconhecidas não modificaram em nada a ideologia da escola. As crianças "excepcionais" saíram da instituição escolar para serem colocadas em outras instituições "especiais".

rada tecnicamente, cada vez mais empobrecida em todos os sentidos, passou de ter sua heterogeneidade negada a sua heterogeneidade reconhecida como um mal inevitável.

No entanto, a causa dessas diferenças inevitáveis sempre foi localizada em algo inerente à própria criança (déficit ou patologia) ou em algo exterior à escola (a carência de estímulos no meio familiar). A escola não era responsável pelas diferenças. A escola lutava por eliminá-las, sem nunca conseguir compensar esses déficits sociais, familiares ou individuais (incluindo os "déficits" linguísticos).

Só recentemente, em virtude de um intenso trabalho de pesquisa, aprendemos a vincular novamente os conceitos de diversidade e alfabetização. Sabemos que se alfabetiza melhor:

a) quando se permite a interpretação e produção de uma diversidade de textos (inclusive dos objetos sobre os quais o texto se realiza);

b) quando se estimulam diversos tipos de situações de interação com a língua escrita;

c) quando se enfrenta a diversidade de propósitos comunicativos e de situações funcionais vinculadas à escrita;

d) quando se reconhece a diversidade de problemas a serem enfrentados para produzir uma mensagem escrita (problemas de graficação, de organização espacial, de ortografia de palavras, de pontuação, de seleção e organização lexical, de organização textual...);

e) quando se criam espaços para que sejam assumidas diversas posições enunciativas ante o texto (autor, revisor, comentarista, avaliador, ator...); e,

f) finalmente, quando se assume que a diversidade de experiências dos alunos permite enriquecer a interpretação de um texto e ajuda a distinguir entre *the exact wording* e *the intended meaning*;[10] quando a diversidade de níveis de conceituação da escrita permite gerar situações de intercâmbio, justificação e tomada de consciência que não entorpecem mas, pelo contrário, facilitam o processo; quando assumimos que as crianças pensam sobre a escrita (e nem todas pensam o mesmo ao mesmo tempo).

Para poder pensar sobre as relações entre fala e escrita é preciso realizar uma complexa operação psicológica de *objetivação* da fala (e nessa objetivação a própria escrita desempenha um papel fundamental). A criança adquiriu a língua oral em situações de comunicação efetiva, na qualidade de instrumento de interações sociais. Sabe para que serve a comunicação linguística. Contudo, ao tentar compreender a escrita deve objetivar a língua, ou seja, transformá-la em objeto de reflexão: descobrir que tem partes ordenáveis,

---

10. Em inglês no original: sentido literal e intenção contida no texto. [N. da T.]

permutáveis, classificáveis; descobrir que as semelhanças e diferenças no significante não são paralelas às semelhanças e diferenças no significado; descobrir que há inúmeras maneiras de "dizer o mesmo", tanto ao falar como ao escrever; construir uma "metalinguagem" para falar sobre a linguagem, agora transformada em objeto. As diferenças nos modos da fala revelam de imediato o interesse que existe em pensar sobre a linguagem, porque as diferenças realçam uma problemática que as semelhanças ocultam.

O grande linguista Roman Jakobson (1959) afirmava: "O problema central da linguagem e o eixo das preocupações linguísticas é a equivalência na diferença". Se as línguas não fossem traduzíveis, a investigação linguística comparativa não poderia ter se desenvolvido. É claro que uma tradução "termo a termo" raramente é possível, e que a tradução, como assinalava no começo, engendra seus próprios espaços de ausência de comunicação (porque as diferenças linguísticas estão intimamente ligadas às diferenças culturais). Os mal entendidos existem, bem como as possibilidades de tradução. É essa duplicidade que me interessa, porque me parece que, em geral, as dificuldades linguísticas ilustram de maneira exemplar dificuldades culturais similares.

As diferenças linguísticas — e culturais — não devem ser minimizadas. Não é suficiente fazer um discurso de elogio à diversidade cultural. Eu mesma tendo a fazê-lo, sobretudo quando escuto os ecologistas fazerem o elogio da diversidade biológica de nosso planeta (e da necessidade de conservar essa diversidade) esquecendo-se da diversidade cultural, que necessita ser preservada tanto quanto a diversidade biológica, porque não seremos capazes de recriá-la.

No entanto, não posso deixar de constatar que a diversidade linguística — e cultural — também corre risco de extinção. Essa ideia supostamente "neutra" chamada *modernização* e *globalização* implica um desprezo em relação às variedades linguísticas e culturais (uso as palavras "linguísticas e culturais" não para opor ambos os termos, mas para enfatizar o papel do linguístico dentro do cultural). Assistimos a uma crescente globalização mas, ao mesmo tempo, a um renascimento dos nacionalismos mais rígidos. Grandes migrações de populações: pessoas que vão para os países do Norte em busca desse mundo de abundância e riqueza que a televisão internacional promove. Aumento da população nos países do Sul. Desemprego crescente nos países mais desenvolvidos. Contexto propício para o surgimento de mil formas de discriminação e de racismo. É fácil ser tolerante com "o outro" quando se vive na abundância. É muito fácil cair na intolerância quando "o outro" (negro ou mulato, mulher ou cearense, hispânico ou índio) chega para disputar os mesmos benefícios de moradia, emprego, saúde e educação.

Como conceber a missão da escola pública nesse contexto? Ela não pode mais pretender homogeneizar, porque outras forças, muito mais poderosas, estão conseguindo realizar em menos tempo e de maneira mais eficaz o que a escola pretendeu fazer sem sucesso. A TV transnacional conseguiu que tanto crianças quanto jovens e adultos desejem possuir os mesmos objetos, que aspirem ao mesmo modo de vida, que compartilhem certas informações e que ignorem outras, que tenham as mesmas figuras de identificação. É uma constatação. Não estou tentando fazer o típico discurso antimídia, para lamentar que a quantidade de horas que as crianças passam na frente da televisão supera em muito a quantidade de horas que passam diante de uma professora e de um quadro-negro.

Ao contrário, acho que o modo de existência da TV no mundo contemporâneo nos oferece uma ocasião privilegiada para *repensar* a escola, e para descobrir-lhe outra missão (talvez tão utópica como a do século passado, mas também igualmente necessária): a de ajudar todas as crianças do planeta a compreender e apreciar o valor da diversidade.

Na diversidade linguística e cultural não há risco e sim riqueza, *com a condição de que se criem contextos de comunicação entre as diferenças e apesar das diferenças.* O risco está na falta de comunicação entre as heterogeneidades. Por isso necessitamos de tradutores. Há vários anos, interroguei em Genebra uma menina bilíngue, filha de espanhóis, e lhe perguntei se "pato" e "*canard*" eram palavras iguais ou diferentes. Lembro-me perfeitamente de sua resposta: "As palavras são as mesmas, só que as pronunciamos diferente". Eis uma ideia original sobre a tradução, pela boca de uma bilíngue de 5 anos.

Minha intenção é alertar contra um uso que chamaria "folclórico" das diferenças culturais, e que se expressa numa celebração festiva das diversidades. Não. A compreensão da diversidade contém uma dimensão dramática. Como é possível que se entendam, por exemplo, povos que pensam que o passado está na nossa frente porque podemos vê-lo, enquanto que o futuro está atrás, porque não podemos vê-lo (tal como pensam os maias), com povos que visualizam topograficamente o futuro na frente e o passado atrás? Acaso não sabemos que, na nossa América, milhares de crianças preferiram e ainda preferem se passar por mudas, na escola, a evidenciar que falam uma desprestigiada língua indígena? Acaso não sabemos que na Europa ainda hoje meninas marroquinas e turcas são expulsas da escola por se negarem a tirar seu véu tradicional durante as aulas?[11] E isso, nessa mesma Europa que ainda lembra o horror da terrível experiência de negação das diferenças que levou à perseguição e à destruição física em nome da purificação da raça, faz apenas cinquenta anos.

11. *Le Figaro*, 1º de dezembro de 1993.

Temos de assumir essa dimensão dramática porque senão corremos o risco de passar da celebração à negação, num movimento pendular tão frequente na esfera educativa.

Posso pedir a um professor do ensino fundamental que seja um tradutor cultural, além de todas as outras coisas que lhe são solicitadas? Não posso lhe pedir isso se não lhe der instrumentos tecnicamente adequados. Também não são suficientes os discursos ideológicos, numa época em que as ideologias estão ameaçadas de morte, por inutilidade.

O desafio deve ser assumido por aqueles que têm a obrigação de levar sempre adiante os processos de tomada de consciência, ou seja, pelos pesquisadores. É indispensável dotar a escola de instrumentos didáticos para trabalhar com a diversidade. *Nem a diversidade negada, nem a diversidade isolada, nem a diversidade simplesmente tolerada. Mas tampouco a diversidade assumida como um mal necessário, ou celebrada como um bem em si mesmo, sem assumir seu próprio dramatismo.*

*Transformar a diversidade conhecida e reconhecida numa vantagem pedagógica:* esse parece ser o grande desafio para o futuro. Estamos aprendendo a fazê-lo no caso da alfabetização, mas é preciso levar isso às últimas consequências nas situações críticas: alfabetizar transformando em vantagens pedagógicas as diferenças de idade num mesmo grupo, as diferenças dialetais, as diferenças de línguas e de culturas. Isso não é uma necessidade só para os países do Sul: o Norte também está descobrindo que o monolinguismo é um mito, cuja consequência inevitável é a discriminação.

"O problema central da linguagem é a equivalência na diferença", dizia Jakobson. *Equivalência não é igualação senão comparabilidade.* A tradução não iguala: apenas permite comparar. "Equivalência na diferença" é provavelmente a melhor maneira de caracterizar o problema central da educação no futuro imediato e, muito particularmente, o da alfabetização necessária.

# Referências bibliográficas

BARBIER BOUVET, Jean François. "Lire la page comme une Image". In: BENTOLILA, A. (Org.). *Parole, Écrit, Image*. Les Entretiens Nathan, Actes III, Paris: Nathan, 1993, p. 225-240.

BLANCHE-BENVENISTE, Claire. "Les unités: langue écrite, langue oral". In: ______; PONTECORVO, C. (Ed.). *Proceedings of the workshop on orality versus literacy*: Concepts, methods and data. Estrasburgo: European Science Foundation, 1993.

BLANCHE-BENVENISTE, Claire; VALLI, André. "Les langues de Cristophe Colomb". *Le Français dans le monde*. Número especial: "L'intercompréhension: le cas des langues romanes", 1997.

BOTTÉRO, Jean. "L'écriture et la formation de l'intelligence en Mésopotamie ancienne". *Le Débat*, n. 62, p. 38-60, 1990. [Versão em espanhol: BOTTÉRO, J. et al. *Cultura, pensamiento, escritura*. Barcelona: Gedisa, 1995, col. Lea; versão em português: BOTTÉRO, J.; MORRISON, K. *Cultura, pensamento e escrita*. São Paulo: Ática, 1995.]

BRICE-HEATH, Shirley. *La política del lenguaje en México*. México D.F.: Instituto Nacional Indigenista, 1986.

CHARTIER, Roger. *Le livre en révolutions*. Paris: Éditions Textuel, 1997. [Versão em espanhol: CHARTIER, R. *Las revolucio-*

*nes del libro*. Barcelona: Gedisa, 2000, col. Lea; versão em português: *A aventura do livro: do leitor ao navegador*. São Paulo: Unesp/Imesp, 1999.]

CRISTAL, David. *The Cambridge encyclopedia of language*. Cambridge: Cambridge University Press, 1987 (6ª reimpressão, 1993).

DETIENNE, Marcel. *The creation of mythology*. Chicago: University of Chicago Press, 1986. [Versão em português: *A invenção da mitologia*. Rio de Janeiro: José Olympio, 1998.]

FERREIRO, Emilia. "Sobre a necessária coordenação entre semelhanças e diferenças". In: CASTORINA, J. A.; FERREIRO, E.; KOHL, M. e LERNER, D. *Piaget-Vigotsky: novas contribuições para o debate*. São Paulo: Ática, 1996.

GODART, Louis. *L'invenzione della scrittura*. Turim: Einaudi, 1992.

HARRIS, William. *Ancient literacy*. Cambridge e Londres: Harvard University Press, 1989.

ILLICH, Ivan. *Nella vigna del testo: Per una etologia della lettura*. Milão: Raffaello Cortina Editore, 1994. [Original inglês: *In the vineyard of the text: A commentary to hugh's didascalion*. Chicago: University of Chicago Press, 1993. Tradução para o espanhol: *En el viñedo del texto. Un comentario al Didascalion de Hugo de San Víctor*. México: Fondo de Cultura Económica, no prelo.]

JAKOBSON, Roman. "On linguistic aspects of translation". *In:* BROWER, R. A. (Ed.). *On Translation*. Harvard University Press, 1959.

MICHALOWSKI, Piotr. "Writing and literacy in Early States: A Mesopotamianist perspective". In: KELLER-COHEN, D. (Comp.). *Literacy: interdisciplinary conversations*. Cresskill, New Jersey: Hampton Press, 1994.

ONG, Walter. *Oralidad y escritura*. México: Fondo de Cultura Económica, 1987. [Original inglês, 1982; versão em português:

*Oralidade e cultura escrita: a tecnologização da palavra*. Campinas: Papirus, 1998.]

PARKES, Malcolm B. *Pause and effect: An introduction to the history of punctuation in the west*. Londres: Scolar Press, 1992.

POTTIER, Bernard. *América Latina en sus lenguas indígenas*. Caracas: Unesco/Monte Ávila Editores, 1983.

SAENGER, Paul. *Space between words. The origins of silent reading*. Stanford, Califórnia: Stanford University Press, 1997a.

______. "Lire aux derniers siècles du Moyen Age". In: CAVALLO, G.; CHARTIER, R. (Eds.). *Histoire de la lecture dans le monde occidental*. Paris: Éditions du Seuil, 1997b, p. 147-174. [Versão em espanhol: *Historia de la lectura en el mundo occidental*. Madrid: Taurus, 1997; versão em português: *História da leitura no mundo ocidental*. São Paulo: Ática, 1998.]

SAMPSON, Geoffrey. *Writing systems*. Londres: Hutchinson, 1985. [Versão em espanhol: *Sistemas de escritura – Análisis linguístico*. Barcelona: Gedisa, 1997, col. Lea; versão em português: *Sistemas de escrita: tipologia, história e psicologia*. São Paulo: Ática, 1996.]

SAMUELS, Joe. "The state of education in South Africa". In: NASSON, B.; SAMUELS, J. (Orgs.). *Education: from poverty to liberty*. Cidade do Cabo e Joanesburgo: David Philip, 1990.

THOMPSON, Dorothy. "Conquest and literacy: the case of Ptolemaic Egypt". In: KELLER-COHEN, D. (Org.). *Literacy – Interdisciplinary conversations*. Cresskill, New Jersey: Hampton Press, 1994.

Impressão e acabamento
**Imprensa da Fé**